Regional Revitalization Driven by the Private Sector

MIYAZOE Kenshi

宮副謙司 = 編著

青山学院大学総合研究所叢書

企業経営と
地域活性化

愛媛県西条市の事例から

千倉書房

目　次

第Ⅰ部　愛媛県西条市の地域資源と地域価値

第Ⅱ部　西条に進出した全国的な大手企業の地域活性化の取り組み

第Ⅲ部　西条で事業展開する四国地域有力企業の地域活性化の取り組み

第Ⅳ部　西条発地場企業の地域活性化の取り組み

第Ⅴ部　総括：地域活性化とSDGsへのつながり

序　章　問題提起・研究の背景

宮副謙司　*MIYAZOE Kenshi*

0-1. 本研究の背景、問題意識

　日本において人口減、税収減で地方行政力の低下傾向が長期化する中で、地域の民間企業の地域での役割が高まっている。企業側も本業の売上拡大・収益拡大だけでなく、CSV[(1)]的な観点からも事業所所在地域への地域活性化の取り組みが積極的に行われ始めている。とりわけ、経営資源力があり、外部ネットワークやチャネルの形成力のある大手企業や地域有力企業の地域活性化の取り組みの重要度が高まっている。

　企業による地域活性化に関する先行研究では、コトラー（1993）「地域のマーケティング」が、経済開発マーケティングの第一段階として製造業の雇用確保を目的とした重工業、工場の誘致から始まり、第二段階には今ある企業の維持、新規企業の育成、観光業、輸出振興、海外投資の誘致といったいくつもの目標を持ち競争力分析や市場でのポジショニングなど戦略を展開するようになり、第三段階として製品開発や競争力のあるニッチ（すきま市場）を見つけようとする動きになっていると分析する。

　一方、内発的な地域活性化が本来的な地域活性化であるという捉え方がある。例えば、山崎（2012）「コミュニティデザインの時代」では、他者に頼った形での財の生産を目指すべきではなく、自らがすでに持つ資源、つまりは内部資源に依存した発展を目指すべきであると主張している。関（2012）「地域を豊

かにする働き方」は、地域活性化を「20世紀後半の経済発展モデルを乗り越えた新たなあり方」として、人々が生きがいを抱いて仕事のできる環境の形成、人々に役に立つ仕事の創造、そして限りある資源を有効に活用し循環型の持続できる地域社会を形成していくこととしている。これは従来の外発的発展に依存した地域経済の活性化に頼るのではなく、自らが元来所有している資源を基に、自らの手で能動的に仕事を創造していく社会を理想とし、それが次世代へと継承されていく姿こそが地域が活性化している状態であると主張している。

　本研究では、まず外部から地域に参入した企業（全国的に事業展開する大手企業および地域ブロックの有力企業など）が、その地域において地域資源を掘り起こし、内発的活性化を行う担い手になっている動きに着眼する。外部企業の内発的な地域活性化の取り組みを見るということである。具体的には、特定の地域（地方都市）を研究対象地域として事例研究を行い、そこでその実態や特徴を、業界別・企業特別に明らかにする。これは、従来の地域活性化研究にない本研究の独自なことであり、学術的な貢献といえる。

　第二に、併せて、地域地場企業の地域資源を活用したビジネスの取り組みも、その企業の独自の革新的な技術力によって、全国的な市場において（さらに海外からも含め）高く評価され、一定の成長を安定的に遂げ、地域経済に留まらず地域ブランド化にも貢献する動きがある。本研究ではそこにも着目し、全国的な大手企業、地域経済ブロックの有力企業、革新的な地域地場企業の3層から成る「企業による地域活性化の取り組み」を見ていきたいと考える。

0-2. 研究目的

　本研究の目的は、全国的な大手企業、地域経済ブロックの有力企業、および地域地場企業といった3タイプの企業が、地域内発型の地域活性化の取り組みを活発化させていることに着眼し、その取り組みの実態と特徴を、事例研究を通じて明らかにすることにある。

（検討したい論点）

◇企業の地域における取り組みは、どのような地域の社会課題を捉えるものであるのか（そのターゲットおよび対象領域テーマ）、具体的にどのような地域資源に着目し、創造される地域価値（モノ：産品づくり、コト：観光・イベント・活動づくり、場：施設づくり、ひとづくり）なのか

◇地域価値を新規に創造する取り組みか、あるいは今ある地域価値を充実させ高めることに寄与する取り組みか

◇全国的な大手企業、地域ブロックの有力企業といった企業のタイプで地域活性化の取り組みにどのような特徴があるのか、差異が見られるのか

◇その地域での複数の企業の取り組みを見た場合、地域特性・地域課題に対応することで共通のテーマや領域があるのか各社の地域への取り組み施策やタイプに共通するテーマ・手法があるのか

以上の論点を念頭に、企業による地域活性化の取り組みを見ていくこととする。

0-3. 研究手法

研究対象の地域（都市）

　具体的な研究対象として、愛媛県西条市を取り上げる。選定理由は、①本研究の研究対象である全国的に事業展開する大手企業、および、地域ブロック（愛媛県あるいは四国地域ブロック）での有力企業の双方が複数社進出し揃っている。②その業種も製造業、商業、鉄道、金融など全般的に揃い、偏りが少ない。③地域がコンパクトで事業所の立地がまとまっており、すでに行政の企業連携ネットワーク組織が形成され地域の調整が行いやすい。④青山学院大学と歴史的なゆかりがあり、市・行政側も青山学院大学ビジネススクール（ABS）が行う調査研究に協力的な素地・関係が形成できていることがあり、効率的に研究が実施できることが予想されたためである。

研究対象の企業（業種）

本研究の研究対象地域として愛媛県西条市を選択し、そこで事業展開する企業から、業種バランスや企業タイプから、下記9企業を選び事例研究を行うこととする。

◇全国的な大手企業：①花王（日用雑貨）、②アサヒビール（飲料）、③クラレ（化学）
◇四国企業：④四国電力（エネルギー）、⑤JR四国（運輸）、⑥伊予銀行（金融）、⑦いよてつ髙島屋（小売）
◇西条市地場の革新的な企業：⑧石鎚酒造（酒造）、⑨サイプレス・スナダヤ（製材）

研究方法

本研究では、企業の地域活性化に関する施策・活動を取り上げ、その取り組み内容を把握するとともに、①業界他社の地域活性化の施策・活動との比較、②企業全体で取り組まれている施策・活動と西条市で取り組まれている施策・活動との比較から、当該企業の西条市での地域活性化の取り組み施策・活動の特徴（独自性）を事実として明らかにする（図表0-1）。

さらにそのような施策・活動の特徴が見られる背景・要因を考察し、企業（業種）の地域活性化施策・活動の現状課題と今後の対応可能性・方向性を地域に示唆するところまでを行う計画とする。ただし、本研究の範囲としては、企業の地域活性化の取り組みとしてどのような施策があるのかといった事実を把握し、特徴を見出すことを範囲とし、それらの施策の有効性やその地域への浸透度結果を調査し分析することまでは行わないこととする。

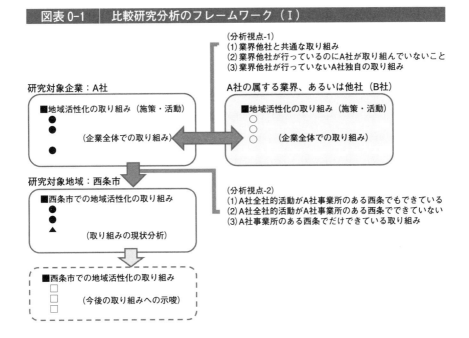

（分析視点-1）
(1) 業界他社と共通な取り組み
(2) 業界他社が行っているのにA社が取り組んでいないこと
(3) 業界他社が行っていないA社独自の取り組み

研究対象企業：A社

■地域活性化の取り組み（施策・活動）
●
●
●
（企業全体での取り組み）

A社の属する業界、あるいは他社（B社）

■地域活性化の取り組み（施策・活動）
○
○
○
（企業全体での取り組み）

研究対象地域：西条市

■西条市での地域活性化の取り組み
●
●
▲
（取り組みの現状分析）

（分析視点-2）
(1) A社全社的活動がA社事業所のある西条でもできている
(2) A社全社的活動がA社事業所のある西条でできていない
(3) A社事業所のある西条でだけできている取り組み

■西条市での地域活性化の取り組み
□
□
□
（今後の取り組みへの示唆）

比較研究分析のフレームワーク（Ⅰ）

　研究対象企業（A社）について、まず企業全体として全社的に（全国的に共通して）取り組まれている地域活性化の施策・活動を抽出し整理する。そしてその当該企業が属する業界、あるいは、他社（B社）が同様の領域で行っている施策・活動を抽出し整理する。さらにその両者の取り組み施策・活動を比較分析し、①業界他社と共通な取り組み、②業界他社が行っているのにA社が取り組んでいないこと、③業界他社が行っていないA社独自の取り組みを明らかにする。

　さらに、A社において、全社的な取り組み施策・活動と、西条市の拠点での取り組み施策・活動を比較して、①A社全社的な活動であり西条市でも行われていること、②A社全社的な活動なのに西条市で行われていないこと、③西条市のみで行われていることといった視点での分析を経て、A社の西条市での地

域活性化の取り組み施策・活動の特徴を明らかにする。

これらのことにより、A社の西条市の拠点での地域活性化の取り組み施策・活動の方向性として、現在の特徴を活かすこと、あるいは、行われていない施策・活動をどう取り扱うかなど、今後への示唆を提示することもできると考える。

比較研究分析のフレームワーク（Ⅱ）

西条市にある研究対象の企業群として、全国的に事業展開する大手企業、および、地域（愛媛県あるいは四国地域ブロック）での有力企業の地域活性化の取り組み施策・活動を一覧にし、それらの企業が自らの業種・業界特性がいかにあり、西条市の地域特性をどのように捉え、具体的な地域活性化の施策・活動に取り組んでいるのかを横並びに比較分析する（**図表 0-2**）。

西条市での地域活性化施策・活動は、どのような地域対象に、どのような領域の活動（モノ産品の開発、コト活動の開発、場の設定、人材教育など）が展開されているかが明らかになり、各社どこも共に挙げられる施策・活動は何か、西

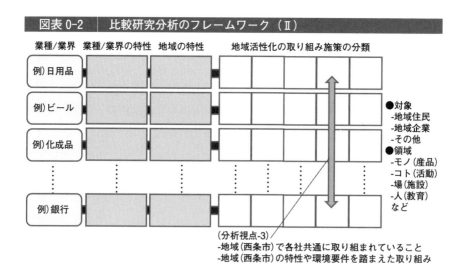

図表 0-2　比較研究分析のフレームワーク（Ⅱ）

条市の特性や環境要件を踏まえた地域向け独自の施策・活動なのかなど、西条市における企業の諸施策・活動の特徴が明らかになる。

（1） CSV：Creating Shared Value（経済的価値と社会的価値を同時に実現する共通価値）。

第Ⅰ部　愛媛県西条市の地域資源と地域価値

第1章 愛媛県西条市の概要

宮副謙司 *MIYAZOE Kenshi*

1-1. 西条市の地域資源

　西条市の地域資源に関して、地理・歴史・産業・生活の4つの観点で現状を整理する[1]。

地理

　西条市は、愛媛県東部（東予地域）に位置し、北に瀬戸内海、南に四国山脈（特に「石鎚山」は標高1,982m西日本最高峰）に囲まれた西条平野に広がる都市である。温暖な瀬戸内気候、海・山・里の豊かな自然環境に恵まれている。また近隣の今治市と新居浜市と併せ四国有数の都市圏も形成している（**図表1-1**）。

　自然環境で特筆すべきは、「うちぬき」と呼ばれる良質な自噴水に代表される水資源である。西条市は、全国的にもまれな被圧地下水の自噴地帯が広範囲にわたって形成され、一帯では15〜20mの鉄パイプを打ち込むだけで、良質な地下水が自然に湧き出してくる。市内で約3,000カ所から自噴するという。その自噴水や自噴井は「うちぬき」と呼ばれ、環境庁（現環境省）「昭和の名水百選」に認定された。飲料水としての利用はもちろん、数々の利水産業の興隆を促してきた。また、ヒノキなどの森林資源、複数の温泉資源なども特徴として挙げられる。

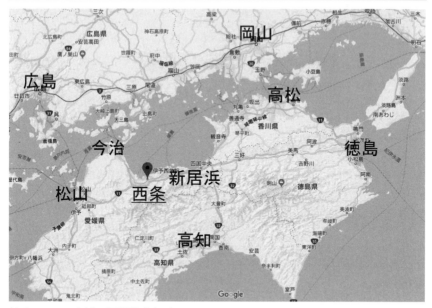

（出所）Google Mapをもとに宮副謙司作成（2020）

　交通ではJR四国 予讃線（伊予西条駅他6駅）、松山自動車道（石鎚山サービス
エリア「ハイウェイオアシス」）・今治小松自動車道、国道11号（松山と高松を東
西に結ぶ四国の幹線）・194号（南の高知方面）・196号（北の今治方面）、東予港
（大阪南港間のフェリー）など多様な交通機関で接点があり、市内外のアクセス
は良好である。さらに広域で見れば、日本の国土の西の基軸で人と物資の交通
量が多い地域にあり、高速自動車道の開通によって、岡山、高松、高知、徳島
にも1時間強で行き来ができる好立地にある（図表 1-2）。

歴史

　古代条里制に起因し、西条市誌によると上島山の西を「西条」と呼んだこと
に由来する地名と言われる。西条市内では、中国や朝鮮半島からの侵攻に備え

図表 1-2　愛媛県西条市　市域の概略図

図表 1-2　愛媛県西条市　市域の概略図

（出所）Google Mapをもとに宮副謙司作成（2020）

て7世紀後半頃に築城された山城と推定される国史跡の永納山城跡や、古代の道路遺構が発掘され、有史以来、この地域が環瀬戸内圏における交通の要衝であったことが伺える。

　江戸時代、1636年には一柳直盛が西条藩主となり、その後、1670年に、八代将軍徳川吉宗公の叔父に当たる松平頼純が藩主（伊予西条藩松平家）となった。明治維新までの約200年間にわたり、西条藩は松平3万石の陣屋町として栄えた。

　「西条まつり」は、奉納される屋台数が日本一とも称される、江戸時代から続く伝統的な秋祭りである。文化では四国で唯一の愛媛民藝館の存在も特徴的である。

産業

　産業はさまざまな農林水産から製造業まで業種バランスがよく、経済活動が

活発である。また製造業では複数の大手企業の事業所・工場の進出により雇用機会も一定数確保され安定している（完全失業率は4.37%）[2]。

農業は、四国最大の経営耕地面積を誇り、多種多様な農産物を生産している。平野部の水田面積は3,763ha（ヘクタール）と県内の24.8%を占める。山間部（扇状地）には果樹地帯が広がっている。また瀬戸内の豊かな海が育んだ伝統の海苔や瀬戸内海の魚介類など水産業も盛んである。林業も江戸時代より用材の出荷地として伝統がある。

製造業も大きな産業である。市内臨海部には世界屈指の規模を誇る800トンクレーン3基がそびえる今治造船や、ルネサス セミコンダクタ マニュファクチュアリング、アサヒビール、日本製鉄、クラレ、花王サニタリープロダクツ愛媛が立地するなど全国的な大手企業を含む工業集積地となっており、西条市の工業製造品出荷額は8,450億円（2019年度工業統計調査）で1つの市でありながら高知県のその額（5,945億円）を上回るほどである。また市内の事業所は製造業をはじめ約2,500あり、さらに新しいビジネスの創出にも積極的である（市による西条市産業情報支援センターの活動など）。

商業は、近隣都市にあるような広域型巨大モールが西条市内には出店せず、地場の中小小売業など商業の活性化には好環境である。市役所近くの紺屋町からJR伊予西条駅方面にかけて、南北に長くアーケード街があり、長い歴史を持つ酒販店、服飾店、宝飾店、呉服店などの小売店が営業展開している。大型店としては、農業が盛んな地域ニーズに対応したコメリパワー店や、県内地元チェーンのスーパーマーケットやドラッグストアなどは点在する。また百貨店系では、いよてつ髙島屋、松山三越がサテライト店（小型店）形態で出店している。

観光は、石鎚山に代表される自然観光（石鎚国定公園）と、アサヒビール四国工場や四国唯一の鉄道博物館を含む「鉄道歴史パークin SAIJO」など産業観光が集客している。さらに市内には四季折々鑑賞できる「四国の小嵐山」武丈公園や、久妙寺の桜、法安寺のぼたん、観音堂や長福寺の藤、横峰寺のしゃくなげなどの資源や、四国八十八カ所の六十番札所横峰寺から六十四番札所前神寺までの五霊場、本谷温泉・椿温泉などの温泉は市外の消費者には認知が低く、十分には活性化されていない。そのような観光コンテンツの状況を反映し、

観光客向けの飲食や市内に乏しく、ホテルも出張客向けのビジネスホテルばかりが目立つというのが筆者ら研究メンバーのフィールドリサーチの実感である[3]。

生活

西条市の人口は、2020年3月末現在108,654人（男性52,584人、女性56,070人）で、世帯数は50,815世帯である。人口は、愛媛県下では松山市、今治市、新居浜市に次いで第4位にあたる。老年人口比率（30.3％）は全国（28.1％／2018年）より高く、年少人口比率（12.8％）も全国（12.2％／同）より高い。

特筆すべきは、年少人口が全国平均を上回っている点である。愛媛県内の都市と比較して住宅費が安い環境であり、豊かな自然の中でのびのびと育てられるだけでなく、0〜2歳児の保育料の軽減、中学校卒業までの子ども医療費助成など子育て世代対象の生活支援制度も豊富である。スポーツ施設やICT（情報通信技術）を活用した学校教育の整備も顕著である。

また地域住民の生活意識・風土としては、陣屋町の歴史背景から城下町的な伝統や教養・文化的素養も住民に感じられ、落ち着いた風土になっている（**図表 1-3**）。

図表 1-3　西条市の地域資源の現状分析

地理（Geography）
- ■立地　瀬戸内海沿岸
- ■自然環境
  - -気候　温暖、災害少ない
  - -地形　山、里、川、水、海
- ■交通　高速道路・JR・フェリー

歴史（History）
- ■歴史　伊予西条藩松平家
- ■伝統　城下町、文化・教養
  - 四国八十八カ所巡礼
- ■文化財　四国唯一の民藝館
- ■祭り　西条まつり

産業（Industry）
- ■農業・漁業・林業・製造業
- ■商業　巨大SCがない好環境
- ■飲食　観光客向け乏しい
- ■観光　石鎚山・うちぬき（湧水）
- ■宿泊　ビジネスホテル主体

生活（Life）
- ■人口　11万人都市
- ■住民の年齢構成　老年↑年少↑
- ■生活意識・風土
  - スポーツや趣味教養高い
- ■教育　大学ないが高校水準

（出所）筆者ら研究メンバーのフィールドリサーチにより作成（2020）

1-2. 西条市の地域価値

　西条市で実現されている地域価値のコンセプトとは、一言で言うならば、「山と水と文化が豊かで、さまざまな体験ができ趣味豊かに日々の生活が充実する街」と筆者らはフィールドリサーチなどから導出する。ちなみに西条市のまちづくり基本方針では、「人がつどい、まちが輝く、快適環境実感都市」というコンセプトが掲げられている。その西条市の基本方針は、西条市の地域価値を的確に表現し主張するものと評価する。

　具体的な地域価値として、第一に、豊かな農産・畜産・水産品が挙げられる。全国有数の生産量である「はだか麦」、「あたご柿」、「春の七草」や、県下一の収穫量を誇る水稲「にこまる（米）」、「ほうれん草」、「きゅうり」、「アスパラガス」など多くの農作物がある。大きく丸い「絹かわなす」は地域ブランドとして注目される。畜産では「甘とろ豚」、「媛っこ地鶏」、水産関係では「海苔」、「鱸」、「ワタリガニ」などがある。さらに市内には現在でも5つもの酒造蔵元があり、1つの行政単位でこれだけの集積は珍しいと思われるほどの酒醸造産地になっていることも見逃せない。

　また、第二には、住みやすい環境が挙げられる。例えば、シニア層にとっては病院・健康福祉施設などが充実し、若いファミリー層にとっては公園やスポーツ施設の整備や教育・子育て環境の良さが挙げられる。

1-3. 地域活性化のマーケティングの考え方と西条市の位置づけ

　筆者らは、地域活性化をマーケティングの立場から捉え、マーケティングの定義である価値の創造・伝達・提供のしくみづくりを踏まえ、地域の数多くの地域資源からうまく着眼し編集して地域価値（魅力）に仕立て、そしてその地域価値を的確に伝達・提供することを「地域活性化のマーケティング」と捉えている。その考え方に沿って実行することが、地域活性化をスムーズに進める取り組み方であると認識する（**図表1-4**）。

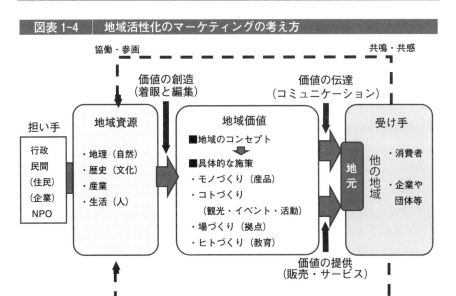

| 図表 1-4 | 地域活性化のマーケティングの考え方 |

（出所）宮副謙司作成（2015）

　このような「地域活性化のマーケティング」の考え方で、西条市の現状を見ると、以下のように認識される。

地域価値の創造

　西条市で実現されている地域価値は、上述のどおり地域のコンセプトとそれを踏まえた2つ価値内容が挙げられる。

　さらに加えるなら、上記の地域資源から見て未活用で今後の実現可能性が期待される地域価値も存在すると考えられる。例えば、豊かな食材から加工・小売・飲食への6次産業化が取り組まれるも、まだまだ地域の食材を楽しむ飲食店の展開などは不十分である。豊かな林産資源があるもそれを活かすクラフトや民藝などは未発展で可能性を残している。

　また石鎚山以外に、いわゆる名所旧跡的な観光名所は乏しく、従来型観光で

は集客できていないが、むしろアサヒビール工場見学など製造業の工場見学を
はじめ、「丹原もぎたて倶楽部」などの農業体験（グリーン・ツーリズム）、「石
鎚ふれあいの里」での自然環境学習など新しい体験型観光に今後の可能性を見
ることができる。

地域価値の伝達と提供

　西条市の全国的な認知度はまだまだ開拓中の状態である。例えば、著名な
「石鎚」などの銘酒を生み出す酒づくりのまちなので、「酒といえば西条」と一
般に認識されたいところであるが、同じく西条という地名が広島県（東広島
市）にあり、そちらを想起するケースがあるのは、残念なことである。

　また西条市は、四国地域では交通の便がよく、物流面でもけっして悪い立地
ではないが、いかに大都市市場に豊かな農産・水産などの食材を供給・普及さ
せていくかは、課題が見受けられる。

地域活性化の担い手

　西条市の地域活性化のマーケティングについて、一層より良く高く実践・遂
行するか、もちろん地域行政や地域住民の意識を高め、自らのまちの活性化に
主体的に取り組むか、課題として認識されるが、西条市内に数多く事業展開す
る、全国的な大手企業や四国地域ブロックの有力企業など「企業による地域活
性化」にさらに期待するところである。これらについてが、本書のメインテー
マである。第3章から第11章にかけ9社の取り組みについて事例研究を行い、
その現状と可能性を見ていきたい。

1-4. 第2章（西条市の地域経済分析）へのつなぎ

　地域活性化の評価は、一般には、下記のような経済効果・集客効果・評判効
果・定住効果など経済効果でまず測定され、地域活性化とは、一般には下記要

素を高い状態にすることと捉えられる（宮副 2014）。

◇経済効果（お金を生み出す）：生産額（生産者・メーカー）、消費額（小売・サービス）、雇用者数（雇用創出）、設備投資額など
◇集客効果（人が来る、賑わう）：来街者数（イベント集客、施設訪問者数、観光客数）
◇評判効果（人に勧める）：消費者認知・評価・イメージ、テレビ・雑誌等の情報発信量
◇定住効果（人が住む）：居住人口

　例えば、評判効果に関して、西条市について注目される結果が発表された。「2020年版 住みたい田舎ベストランキング」宝島社『田舎暮らしの本』（2020年2月号）で西条市は若者が住みたい田舎部門で全国第1位を獲得した。エリア別ランキングにおいては、2019年に引き続き全部門（総合・若者世代・子育て世代・シニア世代）で四国第1位となったことが注目される。
　さらに、それ以外の地域の指標を、第2章にて取り上げ、見ていくこととする。本章で取り上げている筆者ら研究メンバーの数回にわたる西条市でのフィールドリサーチからの定性的な事象からの考察に留まらず、定量的なデータを見ることで裏付けが高まる部分もあり、新たな発見も期待される。

（1）　本節は、西条市役所のウェブサイト掲載情報も参考に記述している（https://live-in-saijo.com/　2020年9月18日閲覧）。
（2）　『東洋経済別冊 都市データパック2018年版』東洋経済新報社、p.1551 による。
（3）　都市型プレステージホテルは隣接する今治市や新居浜市にあるが、西条市にはない。

第 2 章 西条市の地域経済分析

川口 央 *KAWAGUCHI Nakaba*

2-1. 問題意識と仮説

　本研究の問題意識は、地域資源（現在）をデータで見ることで、フィールド
リサーチ手法とは違う事実発見があるか？ということである。言い換えれば、
本書第 1 章に見たような現地フィールドリサーチからの地域資源の分析をデー
タで裏付けることができ、あるいは、新たな発見をえられるか？ということで
ある。今回は、地理・産業・生活関係の経済統計データを一括検索・分析がで
きる「RESAS」[1]を活用する。

　西条市の特徴（仮説）は事前に次のように挙げられた。①産業構造のバラン
スの良さ、②観光集客の弱さ、宿泊者数の少なさ、③都市間経済取引あるいは
交流関係である。それらを検証できるか？試みていく（ただし③については、
国および地方自治体職員のための限定情報によるため、今回は着手せず今後の研究
課題とする）[2]。

2-2. 西条市のRESAS項目の現状

西条市の経済自立度

　これについては、「地域経済循環図」を用いて見ていく（**図表2-1**）。それによれば、地域経済循環率が102.5％となっており、他地域から流入する所得に対する依存度は低く、経済的な自立は一定数確保できている。生産では、第3次産業と第2次産業を中心に付加価値を産出し、分配では雇用者所得の流入がわずかに見られる。支出では、民間消費は域外へ流出し、民間投資等は域外からの所得を獲得する状態である。

産業関連データ

　地域の主要な産業として、付加価値額では製造業、卸売・小売業、医療・福祉が上位となっている（**図表2-2**）。また、産業別就業者人口の状況を見ると、まず①製造業、②卸・小売業、③医療・福祉の就業者数が特筆される（**図表2-3左**）。なかでも製造業、卸・小売業就業者が多いが2010年から2015年にかけ次第に減少傾向にあり、一方で医療・福祉は増加傾向が見られる（**図表2-3右**）。

　観光では、観光目的地は石鎚山とアサヒビール工場が目立っており、松山市はじめ県内を起点および経由した観光客が主体となっている。広域からの集客は四国内・広島県・関西に限られていることが明らかである（**図表2-4**）。また宿泊者数も松山市の0.7％と極小で、しかも5年で3分の1に大幅減少している（**図表2-5**）。

図表 2-1　西条市の経済自立度―地域経済循環図（2013）

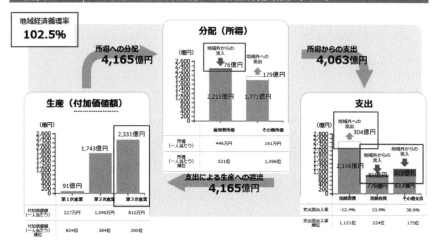

（出所）環境省「地域産業連関表」、「地域経済計算」（株式会社価値総合研究所（日本政策投資銀行グループ）受託作成）

図表 2-2　地域の主要な産業

付加価値額では製造業、卸売・小売業、医療・福祉が上位

付加価値額（企業単位、2016年）：109,344百万円

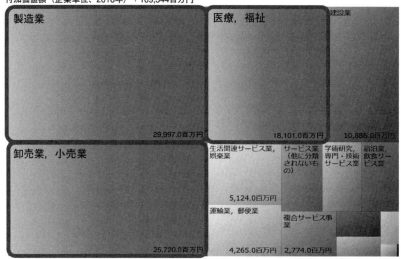

＊付加価値額＝売上高−費用総額＋給与総額＋租税公課（費用総額＝売上原価＋販売費及び一般管理費）

（出所）総務省「経済センサス―基礎調査」再編加工、総務省・経済産業省「経済センサス―活動調査」再編加工

図表 2-3　産業別就業者

製造業の減少、医療・福祉の増加が顕著

従業地における産業別就業者数（15歳以上）

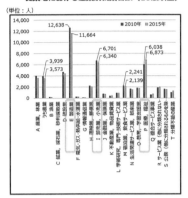

男女別　就業者数の増減（2015年と2010年の差）

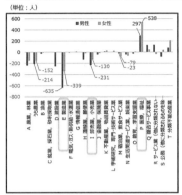

2010年　総数　50,044人（男性 29,049人、女性 20,995人）

2015年　総数　49,021人（男性 27,962人、女性 21,059人）

（出所）総務省「国勢調査」再編加工　e-Statよりデータ取得

図表 2-4　観光目的地は石鎚山とアサヒビール工場

松山市はじめ県内を起点および経由した観光客が主体（広域では四国内・関西）

目的地一覧
交通手段：自動車（2017年、休日）

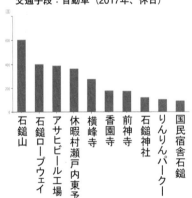

石鎚山への出発地一覧
交通手段：自動車（2017年、休日）

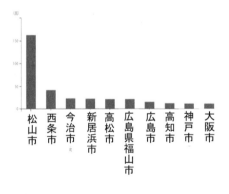

（出所）株式会社ナビタイムジャパン「経路検索条件データ」

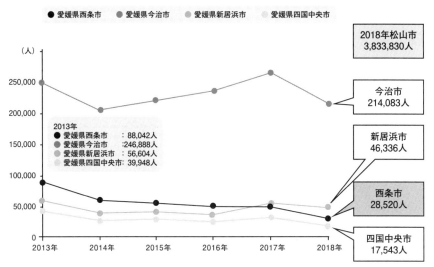

図表 2-5　宿泊者

松山市の0.7%と極小、しかも5年で3分の1に大幅減少

凡例:
- ● 愛媛県西条市
- ● 愛媛県今治市
- ● 愛媛県新居浜市
- ● 愛媛県四国中央市

(人)

2013年
- ● 愛媛県西条市　　：88,042人
- ● 愛媛県今治市　　：246,888人
- ● 愛媛県新居浜市　：56,604人
- ● 愛媛県四国中央市：39,948人

2018年松山市
3,833,830人

今治市
214,083人

新居浜市
46,336人

西条市
28,520人

四国中央市
17,543人

（出所）観光予報プラットフォーム推進協議会「観光予報プラットフォーム」

生活関連データ

　人口構成を見ると、2045年までに年少人口と生産年齢人口が減少し、老年人口が増加することが推計されており、少子・高齢化が進行し一層の人口減少が予想される（**図表 2-6**）。

　年齢別に人口分布の変化を見ると、高校卒業時流出が著しい。これは大学がない、あるいは少ない地方に多く見られるケースであるが、大学卒業時の流入も見られる。さらに2010年から2015年にかけては20代・30代前半の純移動数の増加が見られるのは注目すべき点かもしれない（**図表 2-7**）。

　また生活環境面のデータとしては、住宅地価格を見ると（**図表 2-8**）、愛媛県内の松山、今治、新居浜、四国中央と比べて西条は住宅地の取引価格が安い。このことは、比較的安く住むことができ、若い世帯にも住みやすいことにつながると見ることができる。

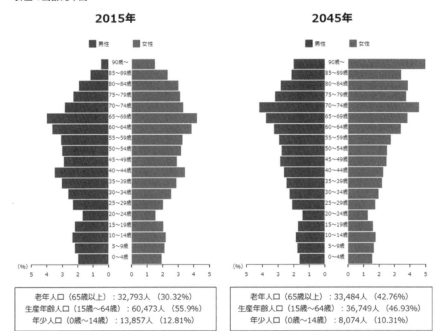

女性の高齢比率高い

2015年

■男性　■女性

老年人口（65歳以上）：32,793人（30.32%）
生産年齢人口（15歳～64歳）：60,473人（55.9%）
年少人口（0歳～14歳）：13,857人（12.81%）

2045年

■男性　■女性

老年人口（65歳以上）：33,484人（42.76%）
生産年齢人口（15歳～64歳）：36,749人（46.93%）
年少人口（0歳～14歳）：8,074人（10.31%）

（出所）総務省「国勢調査」、国立社会保障・人口問題研究所「日本の地域別将来推計人口」
（注記）2020年以降は「国立社会保障・人口問題研究所」のデータ（平成30年3月公表）に基づく推計値

図表 2-7 ｜ 年齢別人口分布の変化

高卒時流出・大卒時流入が顕著　2015年にかけては20代・30代前半の増加

● 1980年 →1985年　● 1985年 →1990年　● 1990年 →1995年　● 1995年 →2000年　● 2000年 →2005年　● 2005年 →2010年
● 2010年 →2015年

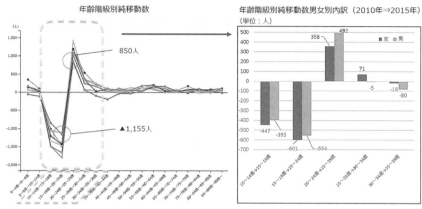

（出所）総務省「国勢調査」、厚生労働省「都道府県別生命表」に基づき、まち・ひと・しごと創生本部作成

図表 2-8 ｜ 住宅地価格

松山、今治、新居浜、四国中央と比べて住宅地の取引価格が安い

取引価格（取引面積1㎡あたり）

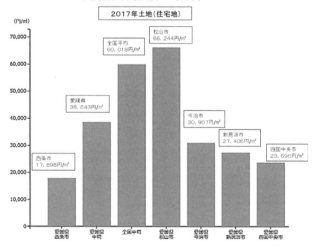

（出所）国土交通省「土地総合情報システム　不動産取引価格情報」

2-3. 西条市の地域活性化の評価

　地域活性化の評価は、経済効果・集客効果・評判効果・定住効果など経済効果でまず測定される（宮副 2014）。これらの項目で、このデータ分析から西条市の地域活性化の状況をまとめる。

　経済効果の面では、西条市の付加価値額では製造業、卸売・小売業、医療・福祉が上位であり、産業別就業者を見ると主力の製造業は減少傾向で、医療・福祉が着実に増加している。これは新しい産業の担い手が見えてきた部分と捉えられるのではないか。住みやすさの評判や定住効果の向上にもつながっていきそうである。

　集客効果では、観光客集客は弱く松山市をはじめ県内を起点および経由した観光客が主体である。来訪者の地域を見ると広域は少なく、四国内が多く見られる。宿泊を伴う観光が少なく、宿泊者は松山市の0.7％と極小に留まり、しかも5年で3分の1に大幅減少している。この結果は、前向きに捉えれば、「道後温泉」＋「瀬戸内しまなみ景観」を楽しむような従来型観光では松山に譲るも、これまでにない新たな観光開発が検討されていくきっかけになればよく、工場見学・農業体験・森林と水などの自然と親しむなど西条市の地域資源を新しい見方で編集した「新しい観光」の創造を期待したいところである。

　評判効果としては、「2020年版 住みたい田舎ベストランキング」宝島社『田舎暮らしの本』（2020年2月号）で西条市は若者が住みたい田舎部門で全国第1位を獲得した。エリア別ランキングにおいては、2019年に引き続き全部門（総合・若者世代・子育て世代・シニア世代）で四国第1位となった。この点はよい評価で素晴らしいことであるが、今後ほかの調査においても住みやすさ評価を高め、評判を広げていくことが望まれる。

　定住効果として、2010年から2015年にかけては20代・30代前半の増加が見られる。これは、西条市の住宅地価格が比較的に安く、若い世帯にも住みやすいことにつながると見ることができる。

2-4. 結論

　当初の問題意識・事前仮説は検証できたか？という点では、まず地域経済データで見ることで、事前仮説の①産業構造のバランスの良さ、②観光集客の弱さ、宿泊者数の少なさについてデータでも確認できた。

　また、地域経済データを見ることで新たに発見した事実としては、①人口構成では若い年齢層の流入の増加、②産業では医療・福祉の就業者の増加、③住宅では比較的安価などが挙げられる。そのような動きをいかに大きく増幅でき、地域活性化に活かしていくかが、西条市の地域活性化の課題になるということができる。

（1）　RESAS：Regional Economy Society Analyzing System（地域経済分析システム）は、経済産業省と内閣官房まち・ひと・しごと創生本部事務局の連携で開発され、2015年4月より提供が開始された。地方創生のデータ利用の入り口として、地域経済に関する官民のさまざまなデータを、地図やグラフ等でわかりやすく見える化したシステムである。
（2）　「RESAS」分析については経済産業省関東経済産業局の多大なる協力を得た。ここに深謝の意を表する。また各スライドの図表は、経済産業省関東経済産業局がABS向けに作成した説明資料（2019年7月）の図表を利用させていただいた。なお、図表2-3のみe-Statより取得したデータをもとに作成されている。

第Ⅱ部　西条に進出した全国的な大手企業の
　　　　地域活性化の取り組み

第 **3** 章 | # 花王サニタリープロダクツ愛媛

佐伯 悠 *SAEKI Yu*

3-1. 花王：企業概要[1]

　花王株式会社（以下、花王）はビューティケア・ヒューマンヘルスケア・ファブリック＆ホームケアの3つの事業分野にて一般消費者に向けた「コンシューマープロダクツ事業」を、そして産業界、主に紙、パルプ、食品、医薬品、土木・建築、情報材料、エレクトロニクスといった幅広い産業を顧客とするケミカル製品を展開している「ケミカル事業」、大別して2種の事業を持つメーカー企業である。

事業の概要

　花王グループの連結売上高（2019年度）は1兆5,022億円。内訳では「ファブリック＆ホームケア」にて3,595億円（全体の約24％）、「スキンケア・ヘアケア」3,408億円（22.7％）、「化粧品」3,015億円（20.1％）、「ヒューマンヘルスケア」2,552億円（17％）、そしてケミカル事業では2,859億円（全体の約16.3％）となっており、最終消費財の売上が売上全体の80％以上を占めている形となっている。

　また連結営業利益は2,117億円、従業員数は7,905名（花王グループ33,603名）と、まさに花王は日本を代表する全国的な大手消費財メーカーの1社といえるだろう。

沿革

　花王は、歴史も古く、遡ること1887年に長瀬富郎（ながせ とみろう）が洋小物問屋・小売店である長瀬商店を創業したことから始まる。外国産石鹸との品質の違いに着目した同氏は本格的な石鹸の国産内製化を決断し、1890年に「花王石鹸」を市場に送り出すことになった。初の高品質低価格な国産石鹸（1個12銭）ということもあり、市場から高く評価された同製品は瞬く間に普及する。軌道にのった同店は関連多角化に乗り出し、香水、歯磨き粉やロウソクの製造も手掛けるようになった。また日本人の洗髪習慣を変えたともいわれ、シャンプーという言葉を定着させることに貢献した「花王シャンプー」は1932年に販売された。戦後は花王石鹸を経て、1985年に花王株式会社と社名を変更し、現在に至っている。

　この花王の製品を製造している国内工場は全国で9拠点（すみだ・小田原・酒田・栃木・鹿島・川崎・豊橋・和歌山・愛媛）あり、花王サニタリープロダクツ愛媛（以下、愛媛工場）は、このうち最も西に位置する関連会社である。

花王サニタリープロダクツ愛媛の概要

　愛媛工場では紙おむつ、生理用品、お掃除用シートなどの紙製品の生産を手掛けており、売上は28億円（2018年12月期）、従業員数は331名（正規社員のみ、2018年9月現在）を数える。1978年に隣接する新居浜市にて前身の愛媛サニタリープロダクツ株式会社が設立した。1983年には新たな生産拠点として西条工場が操業（1988年に新居浜工場は閉鎖）。2015年に愛媛サニタリープロダクツから現社名に改め、現在に至っている。

3-2. 花王の地域活性化の取り組み

　花王では地域活性化の取り組みとして「次世代を育む環境づくりと人づくり」をテーマ・方針を掲げ、4つの領域に分けた社会貢献活動を展開している。

すなわち、①環境、②教育、③コミュニティ、④メセナ支援である（**図表 3-1**）。

　この領域分類にもとづき、筆者は全国の工場での地域対応の活動事例を整理し、その数を集計した（佐伯 2019）。その結果わかることは、第一に、コミュニティ活動が全体の活動の91/137と7割近くを占めており、地域住民との関わり合いに特に注力している。第二に、商品の贈呈に頼らず、社員を積極的にその活動に関わらしている（77/137：約6割）。最後に、先に挙げた2つの特徴がそのまま生産拠点にも当てはまり、コミュニティ活動が全体の活動の65/86と8割近くを占め、また社員参加も43/86と全体の活動のうち5割がその類型に属していることから、生産拠点ではさらに地域住民と社員との関わり合いを意識している、以上3つの傾向を見ることができる。企業イメージのとおり、最終消費者でもある地域住民への真摯な姿勢が数字からも見受けられる結果となった。

図表 3-1　花王拠点別の社会貢献活動の集計（2017年時点）

	工場	環境			教育			コミュニティ			メセナ			拠点別合計
		社員参加	寄贈・寄付	施設開放	社員参加	寄贈・寄付	施設開放	社員参加	寄贈・寄付	施設開放	社員参加	寄贈・寄付	施設開放	
かやば		3							3					6
すみだ	○	1						2	5	1				9
大阪		1							2					3
小田原	○	1						3	2					6
酒田	○	1	1					3	3			1		15
栃木	○	1			1	2		3	3	1				11
鹿島	○	3						2	2					11
川崎	○	1						3	2					6
豊橋	○	2			2			1						5
和歌山	○	3	1					5	6	1				16
愛媛	○							5	2					7
有田研修		2						1	5					8
品川								1						1
エコラボ					4									4
KCMK		3	2					3						8
ロジスティクス								4						4
KPS					3		1	1						5
カネボウ					4	2		4	2					12
（工場のみ）合計		13	2	0	3	2	0	27	34	4	0	1	0	86
中分類別合計		22	4	0	14	4	1	41	46	4	0	1	0	137
大分類別合計		26			19			91			1			

（出所）佐伯悠（2019）

3-3. 西条市における地域活性化の取り組み
(花王サニタリープロダクツ愛媛の取り組み)

花王サニタリープロダクツ愛媛（以下、愛媛工場）では地域活性化の取り組みとして、①自社でないとできない教育を地域住民に提供する、②自社の取り組みを通じ、家族の繋がりの強化する、③自社の取り組みを通じて、地元への愛着の醸成する、という3つの方針を掲げ、以下のコミュニティ活動を中心に置いた社会貢献活動を展開している。

工場見学[2]

愛媛工場では、主力製品のメリーズなどの生産工程を解説レクチャーするとともに見学できるプログラムを提供している。工場見学者数の推移を見てみると、2014年は605名であったのに対し、翌年の2015年は1,266名、以降安定的な増加をみせ、2017年には1,554名、2018年では1,736名となっており、5年間で3倍近い見学者数となった。

2014年から2015年の2倍近い増加は社名変更に伴う影響もあるとのことだが、2016年以降も確実な増加が確認でき、内訳を見ても、小学生層の減少することのない安定的な増加が最も目を見張る（2014年の35名に対し、2018年では617名、約18倍の増加）。

特に小学生に向け工場見学を積極的に案内した声掛けを行ったということである。その背景・理由としては、第一に、一番自社の商品や説明方法に純粋に感動し、記憶に留めてもらえる層ではないかという仮説。第二に、その両親達への波及効果も想像しやすく（口コミ、もしくは同伴）、プロモーション活動としてもより有効に機能するという仮説。最後に、（これは小学生に限らないが）自社を知ってもらうことで、地域採用を有利に働かせたいという狙い、以上3点の仮説と狙いのもと、限られたリソースを特に小学生の工場見学を招きいれたとのことである。

一方で工場見学に関する今後の課題としては第一に、教育指導要領の変更、第二に、集客範囲のより効率的な活用が挙げられる。第一の課題に関しては、

2020年に指導要領が変わり、アクティブラーニングが積極的に導入されることを受け、現行の一方的なレクチャーベースでの工場見学の方法の変更も視野に入れなければならない。ただし、このアクティブラーニングに関しては自社工場の製品特徴との親和性は決して低くなく、悲観的ではないとのことである。第二の課題に関しては、今後2,000名を超え、更なる増加を視野に入れるのであれば、現状の西条市内がメインとなっている体制を強化し、未開拓領域、具体的には未だ自社工場への来場が無い学校の抽出とその対象への来場促進のための積極的なPR活動の実施が考えられる。

出張授業

　花王では全社をあげて出張授業という形式で従業員自らが講師となり、依頼を受けた先（主に小学校が該当する）へ出向き、講義を行っている。学校教育支援事務局という機能を本社で持ち、窓口対応や講師派遣、更には講師のインストラクションスキル向上のための研修（社内講師登録されるためには本研修の受講が必須とのことである）などを一括で取りまとめている。愛媛工場でも本社主導ではあるものの、頻繁に依頼先へ従業員が派遣され、授業を行っている。

　プログラムとしては主に、「手洗い講座」、「おそうじ講座」、「環境講座」の3種が用意されている。「手洗い講座」では手洗いの大切さを伝える講義から始まり、実際に手洗いの練習、更にはローションとブラックライトを用いた汚れ落ちの確認など、座学による知識提供だけに留まらない実習形式での授業となっている（**図表3-2**）。「おそうじ講座」では家事の疑似体験を通じて、家族の中での自身の役割の理解、そして家族への感謝の気持ちの醸成がなされることを目指している。

　「環境講座」では「いっしょにエコ」をテーマに、身近な商品（洗たく用洗剤）を通して節水について考えることで、受講者が日々の生活で環境に配慮した行動に取り組むきっかけづくりを提供している。こちらの各プログラムの想定対象層は「手洗い講座」、「おそうじ講座」は小学校低学年、「環境講座」に関しては小学校高学年から高校生までとなっており、教材だけの提供も受け付けている。

（出所）花王サニタリープロダクツ愛媛 提供

3-4. 業界他社の地域活性化の取り組みとの比較

　本節では、花王と同じ最終消費財業界に属する代表企業 3 社の地域活性化、社会貢献活動について、その概要を俯瞰したい。

競合①：ライオン株式会社

　ライオン株式会社（以下、ライオン）では「事業を通じて社会に貢献する」という創業者の意志を継ぎ、一人ひとりの「心と体のヘルスケア」の実現に向けて、基本方針として第一に地域社会との共生、第二に従業員一人ひとりの活

動への参画、第三に地域関係者、行政、市民団体との連携の強化を掲げ、①健康、②快適、③清潔・衛生というテーマを設け、活動に取り組んでいる。またサステナブルな地球環境への貢献を目指し、「洗うこと」、特に「水質保護活動」に重点を置くことで環境に対する社会との対話にも積極的にアプローチしている。具体的には、口腔保健の普及・啓蒙活動を目的とした財団法人ライオン歯科衛生研究所（LDH）（1964年設立）を中心に3種の公益事業を展開している。1つは口腔保健普及啓発事業、2つ目は調査研究事業、最後に教育研修事業である。また1932年から続いている全国小学生はみがき大会では2017年では全国で2,893校、約16万人もの小学生が参加しライオンが提供するDVD教材を用い教室内で議論を進めた。

　また清潔衛生習慣の社会的定着に向けて、主に幼稚園・保育所、公共施設などで手洗い習慣普及活動を行っている。2017年度までの本活動への参加園児数は約25,000人と2012年度からの活動より着実にその数を伸ばしている。

　加え、花王でも多くの生産拠点が実施していた工場見学に関してもライオンも積極的に取り組んでおり、全国4カ所にある工場（千葉・小田原・大阪・明石）において其々、1,200名から2,300名近くを受け入れており、総計では7,673名、受入回数では314回と、こちらも注力していることが分かる。

競合②：ユニ・チャーム株式会社

　ユニ・チャーム株式会社（以下、ユニ・チャーム）では社会で抱える課題を本業で解決するという基本姿勢のもと、その企業活動と繋がりの強い地域で、その地域が抱える課題に真摯に向き合い、解決に向けて積極的に取り組んでいる。

　具体的には生産拠点の1つである静岡工場が立地する掛川市との「地域活性化に関する包括連携協定」を2017年2月に提携し、①災害対策および防災、②子ども・青少年の育成支援および子育て支援、③健康増進、④環境保全、⑤高齢者・障がい者の支援、⑥女性の活躍推進、⑦その他前条の目的を達成するために必要な事項、以上7つの分野を定め、企業をあげて地域課題の解決に取り組んでいる。また掛川市とは他にも健康寿命延伸のための「排泄ケア講座」や

静岡工場施設内での「ソーシャル・ウォーキング」体験会の実施など、さまざまな取り組みを地域と連携して進めている。

またユニ・チャームがユニークな点は「被災地への継続的な支援」と「節電推進」を目的にした「マッチングファンド」、および「スーパークールビズ／ウォームビズ」活動である。これはスーパークールビズ、ウォームビズ啓蒙運動に連動する形で、就業中に着用できるオリジナルポロシャツやジャンパーを従業員が購入した際に、その金額相当分をマッチングファンド方式にて、被災地の病院や施設などに自社介護用品を寄贈している。この活動は2017年度で7年目を迎えており、現在では上述の衣服類に限らず岩手県宮古市の障がい者支援施設の入居者が作成した工芸品や熊本県の伝統工芸品など、複数の対象をマッチングファンドの対象とし、多くの資金を活用している。

競合③：小林製薬株式会社

小林製薬株式会社（以下、小林製薬）では、障がい者雇用を通じた地域社会への貢献にも取り組んでいる。法令により従業員50名以上を抱える企業は、従業員数の2％以上の障がい者を雇用することが求められている。小林製薬では「小林製薬チャレンジド」（「チャレンジド」とは米国では障がい者を表す言葉として使われ、「挑戦という使命、資格を与えられた者」という意味）を2011年に設立し、適した就業環境や仕事内容の整備を進めている。

そして翌年2012年には富山市から初となる特例子会社としての認定を受け、その取り組み姿勢に高い評価が与えられた。現在では工場内の清掃業務の他にも、手間がかかるが無くすことができない作業や効率化したいがなかなか実現できない業務など、現場への入念なヒアリングを通じて抽出された新たな仕事に取り組むことで、その業務範囲の拡大が行われている。

3-5. 花王グループの地域活性化の取り組みの評価

対業界・競合他社比較での視点

　本項では業界・競合他社の取り組みに対し、花王グループのそれと比較することで、①共通項、②（業界・競合他社が行っているが）花王グループが取り組んでいない活動、③花王グループ独自の取り組み、以上3点の抽出を行いたい。

■共通に取り組まれている活動

　実際に提供されるコンテンツには違いがあるものの、自社従業員が出向き、乳幼児、園児、小学生や就業者、その他にも高齢者等々の幅広いステークホルダーに対して、健康促進のための出張講座などに注力している企業が多い。自社の取り扱う製品が直接消費者の生活に根差した消費財である点も考慮して、アプローチしやすい取り組みであるといえるだろう。

　また、環境に考慮した取り組み、ライオンであれば森林整備活動や小林製薬であればバイオトイレの寄贈などこちらも対自然に向けた社会への啓蒙活動の一環として出張講座同様に親和性の強い取り組みであるといえ、類似している。更には製造業であるという点から消費者との重要な接点となり得る自社工場の見学（もしくは一般開放）も共通している。立地条件や取扱製品など、当然に集客努力だけでは差異をもたらすことは困難ではあるものの、各社創意工夫をこらした自社見学ツアーを計画している姿が確認できる。

■花王グループが取り組んでいない活動

　花王でも災害支援として「心のケア」と「自立的復興」を柱に複数の団体、自治体、企業等と連携した多様な取り組みを行っており、従業員を巻き込んだ出張講座や復興イベントの運営、協賛などを実施している。

　当然、その中でも物理的な支援、具体的には寄付金や義援金などの提供も含まれているが、対比させた時にユニ・チャームが行っているマッチングファン

ド型復興支援の取り組みがオリジナリティのある取り組みとして浮かび上がってくる。ユニ・チャームの取り組みの詳細は前述のとおりであり、ここでは割愛するが、この取り組みが優れていると感じられる点がサービスの提供者側が「気付かず」に支援ができており、その仕組みにこそサステナブルを覚える点である。一般的にボランティアも同様であるが、物理的な障壁に加え、メンタル的にも乗り越えなければならない壁が一般的な提供者側には存在する。また、過去の災害支援事例を覗いて見れば、多くの現場当事者が、時間が経つにつれて周囲の関心が薄れ、社会で蓄積されている記憶が急激に風化していく現象に危機感を抱いているが、これと同様に災害支援活動も一度行えば次はまた別の人が、という心理的なメカニズムも働き、一過性の罠に陥りやすいのが一般的である。これをユニ・チャームの事例では、従業員が（強制でなく）日々の業務でも利用が可能で、かつ時流に即した内容（スーパークールビス／ウォームビス）で親近感を抱きやすい商品（ポロシャツやジャンパー）で購買を促すことで、「結果的には」災害支援に繋がっているという、いわば間接的ではあるものの気兼ねなく持続的に災害支援を行える秀逸な仕組みであると考えられる。

■花王グループ独自の取り組み

　生活に根差した最終消費財を取り扱う間柄であるため共通項は数多存在するものの、違いを見出すことは難しい。しかしここでは、その中でも花王の独自性のある取り組みを1つ紹介したい。それは「花王ファミリーコンサート」と銘打った企画である。

　この企画は、主に栃木工場、酒田工場、和歌山工場、そして愛媛工場で2002年より長きにわたり執り行われているものであり、アーティストの招聘から事前準備、当日の会場運営など企画実現に関わるタスクすべてを内製で進めている。その目的は各々の立地地域の住民の皆さまに質の高い音楽に触れてもらう機会の提供とともに、そこでの収入（チケット1枚当たり千円）のすべてを地域の学校教育等に寄付している資本循環型の取り組みとなっている。2017年度までで累計38公演を開催し、来場者数は約35,300名に上る。

　この取り組みは一見すると自社の事業とはまったく関係のないもののように映るが、「花王ウェイ」で示される企業の使命、「豊かな生活文化の実現」に関

わる消費者の一層の生活文化レベルの向上に貢献し得る取り組みであり、また
この取り組みがユニ・チャームのマッチングファンドの事例でも述べたよう、
関係者が意識せずともサステナブルな仕組み、循環型のモデルの一片を構築で
きるように設計されている優れた企画であると考えられる。

愛媛工場の社内比較からの視点

　本項では、花王グループ全社と愛媛工場の活動を比較し前項同様に、①共通
項、②（全社では行われているが）愛媛工場が取り組んでいない活動、③愛媛工
場独自の活動、以上3点の抽出を行いたい。なお、事業所と工場とでは立地環
境や企業内役割が大きく異なるため、以下では他工場との比較を前提とする。

■全社共通に取り組まれている活動

　生産拠点である他工場では工場見学が行われており、愛媛工場でも多分に漏
れず実施されている。前述のように、工場見学の利点としては自社の地域での
認知度向上以外にも、採用プロモーションとしての機能もあり、その有用性の
波及効果は計り知れない。また、愛媛工場では地域祭り・イベントという括り
で家族見学会やファミリーフェスティバルなど家族での工場見学ツアーや工場
施設を開放しての従業員を交えた交流会を企画運営しており、こちらも他工場
で見られる地域との連携でのイベント企画関連の取り組みにも注力している。
加え、本社主導ではあるものの、出張講座も通年で受け付けており、要望に応
じて訓練を受けた従業員が講師として派遣されている。更には、愛媛工場では
埋め立て廃棄ゼロ活動に代表されるように、他工場同様に環境保全活動にも積
極的に取り組んでいる。総じて、愛媛工場での取り組みは全社ベースから逸脱
したケースは確認できない。

■愛媛工場が取り組んでいない活動

　地域祭りやイベントという括りにおいては、愛媛工場は他工場と違わず積極
的な取り組みを進めているが、他工場ではスポーツ関連のイベント、例えばソ
フトボール教室（小田原工場）、親善バレーボール大会（川崎工場）などの取り

組みが考えられる。当然こちらも立地環境によって大きく左右されるものではあるが、愛媛工場が立地する西条市は古くから登山やアウトドアスポーツが盛んな土地柄であるため、企業内資源だけの着眼に留まらず、企業外資源を活用したスポーツ関連の交流イベントの企画立案があったとしても齟齬はないものと思われる。また愛媛工場の周辺にはその他にも多くの大手企業の生産拠点が立地しており、一社単独でなく複数の企業との連携での実施となれば、西条市あげての大きなイベントに発展する可能性も想定できる（こちらに関しては最後の総括にて後述する）。また地域が独自で連綿と続けているだろう伝統行事（真っ先に挙げられるのは地域花火大会）などにも積極的に協賛し、認知度の向上、自社イベントへの集客へと繋げても良いかもしれない。

■愛媛工場独自の取り組み

　前述のように、愛媛工場独自の取り組みとしては、該当する事例はないものと考える。

3-6. 総括：花王サニタリープロダクツ愛媛工場の事例 ―企業による地域活性化への示唆

製品の地域への価値伝達が地域活性化のコト活動になる

　企業による地域活性化の観点で、企業活動を見ると、第一に気付くのが、花王の出前講座「手洗い講座」、「おそうじ講座」などは、製品の特長や使い方を消費者に伝達し理解してもらう、まさに製品PRのコミュニケーションの一環であり、そのイベントプローモーションでもある。しかし、一方で別の見方をすれば、一般に企業が、自社の製品の品質や機能、さらにはその作り手の情報をストーリーのように語り伝えることが、地域にとって重要な「教育」や「生活提案」となることは大いにありそうである。

地域資源を活かした地域価値（コト・機会）を創造する

　地域資源である水や農産品など生かし、地域がどういう魅力のある地域に高められようとしているのか（地域価値のコンセプト）を具体化する地域価値（モノ）を創造する可能性が確実にある。それによってその地域ならではの製品や活動プログラムが生み出されるということである。

　例えば、第一の構想例として、地域資源である「うちぬき」を活用した地域イベントの開催が考えられる。西条市では古くより名水が自噴により湧き出る地域として知られている。その水の純度は非常に高く、この「うちぬき」を活用したイベントは「きれい」を追求する企業イメージとの親和性もあり、大々的にプロモーションしてもよいのではないだろうか。美しく、綺麗な水を利用したものづくり案を広く市民から募集し、市民の創意工夫の発散の場として自社の施設や人的資源を活用する企画である[3]。例えば、若い女性（中高校生から若いママさんの層まで）であれば、西条市の清らかな流れる水から、美しいつややかな髪、さらにシャンプーと連想するなど企画が生まれるかもしれない。今治がタオルで、四国中央が紙であれば、愛媛・瀬戸内・東予で新たな地域プロモーションも創造できる。愛媛工場でも「うちぬき」を利用した作品を広く市民から募集し、一般展示することで皆が地域の価値の再認識、地域資源の再発見ができるように企画・編集し、地域のための機会を創造することができるのではないだろうか。

　また第二の構想例として、地域資源である「石鎚山」を活用した地域イベントが考えられる。西条市では古来より山岳信仰の拠点として霊峰石鎚山が鎮座し、多くの人々の信奉を集めてきた。その結果、信奉者以外にもシーズンには多くの登山客で賑わう土地となっている。そのため、ハイキングやクライミング、ボルダリングを中心としたアウトドアスポーツも近年では同市で盛んとなってきており、関連するスポーツイベントも数多く行われている。一般市民でも広く参加が可能なイベントを興すことも案としては検討してもよいのではないだろうか。石鎚山は標高2,000mに満たない山ではあるものの、道中は急な勾配も多々あり、決して初級者や高齢者が気軽に登れる山ではない。一方で

麓から眺めるその景観には息を呑む荘厳さが確かにある。例えば、富士山でも多くのビュースポットが存在しているよう、石鎚山にも知る人ぞ知る多くのビュースポットがあるのではないだろうか。それを巡るツアーでもよいし、更には新たなビュースポットの提案を参加者より集い、競い合う企画でも面白いかもしれない。このような企画であれば県内外の誰しもが「気軽」に参加することもできるし、そこでの出逢いが西条市への興味関心を芽生えさせ、自社のコアファンへの進展へと派生的に結びついていく可能性も考えられる。

　上述の2案に共通しているポイントとして、明確なコンセプトを中心に、多くのステークホルダーが安心して気楽に過ごせる機会（コト）の創造を目指すという点である。加えて、このようなイベントを1つの組織で行うことは難しい。酒田工場や鹿島工場など、その他の工場で開催されるイベントがそうであるように、複数の地域の団体・組織との連携による開催は、物理的な面でのリソースの分配による負荷の軽減に限らず、「ダイバーシティ＆インクルージョン（Diversity & Inclusion）」(4)の有用性が示すように、斬新なアイディアや思いがけない多角化を生み出す機会にも繋がる。愛媛工場では幸いにも日本を代表する大企業が業種を問わず数多く隣接地に立地している。愛媛工場にとってはこの集積も1つの魅力的な地域資源であるといえるだろう。

（1）　本章に記述する当該企業の取り組みの評価や今後の展開に関しては、筆者の考察に基づくものであり、当該企業の見解ではない。
（2）　2018年11月22日に愛媛工場　人事総務グループへ行ったヒアリングがベースとなっている。
（3）　例えば酒田工場では、同市教育委員会と酒田発明協会が実行委員会を組織し、協賛する形で「酒田創意くふう展」を毎年開催している。そこでは小学校の部241点、高校の部1点の計242点もの作品が展示され、本の厚さによって幅を調節できる本棚、縄跳びを回すことで点灯するライト、使い古したバスタオルを利用した防災グッズなど、思い思いの作品が並ぶ。
（4）　個々の「違い」を受け入れ、認め合い、活かしていくことを意味する。

第 **4** 章 ## アサヒビール四国工場

佐伯 悠　*SAEKI Yu*

4-1. アサヒビール：企業概要[1]

事業の概要

　アサヒグループは、アサヒグループホールディングスを持株会社に置き、アサヒビール株式会社（以下、アサヒビール）、アサヒ飲料株式会社（以下、アサヒ飲料）、アサヒグループ食品株式会社（以下、アサヒグループ食品）、アサヒカルピスウェルネス株式会社、以上 4 社を事業子会社に有する、国内有数の企業規模を誇る食料品製造業である。

　アサヒグループの事業構成は、①酒類事業：アサヒビール、ニッカウヰスキー、サントネージュワイン、エノテカ、アサヒフードクリエイト（飲食）、なだ万など、②飲料事業：アサヒ飲料（『三ツ矢サイダー』、『カルピス』、『ワンダ』、『十六茶』、『おいしい水』、『ウィルキンソン』などの清涼飲料）など、③食品事業：アサヒグループ食品（菓子、健康食品、サプリメント、乳幼児用粉ミルク・ベビーフード、介護食品・商品、フリーズドライ食品など）、④国際事業（ヨーロッパ、オセアニア、アジア、北米など）の 4 分野となっている。

　アサヒビールは、2011年の持株会社への移行に伴い事業会社の位置づけとなった企業であり、そこではビール類をはじめとする総合酒類事業を展開して

いる。

　アサヒグループの事業全体での売上収益（2019年度）は、2兆890億円となっており、内訳として、酒類事業が8,869億円（全体に占める構成比42.5％）、飲料事業が3,762億円、食品事業が1,176億円、国際事業が6,996億円、その他が1,094億円となっている。事業利益を見ると、全体が2,130億円に対し、酒類事業が1,055億円（同49.5％）、飲料事業が332億円、食品事業が130億円、国際事業が1,024億円、その他が23億円となっている。以上のことから、アサヒグループは複数の企業を有するコングロマリットでありながら、酒類事業が売上収益の4割以上、事業利益では5割近くを占めており、酒類事業がグループの中核にあることが分かる。

ビール事業の沿革

　アサヒグループの中核といえる酒類事業を担うアサヒビールの歴史を振り返ると、その起源は1906年に設立された大日本麦酒株式会社（以下、大日本麦酒）に遡る。大日本麦酒は大阪麦酒株式会社、日本麦酒株式会社、札幌麦酒株式会社が合併して誕生した企業であり、当時の国内市場の7割近くを有する大企業であった。

　しかし、戦後の財閥解体の余波を受けた形で、1949年に朝日麦酒株式会社（以下、朝日麦酒）（現 アサヒグループホールディングス）と日本麦酒株式会社（現 サッポロホールディングス）の2社に分割された。

　分割後の朝日麦酒は、主に西日本を中心に市場拡大を目指してきたが、1870年創業のスプリング・バレー・ブルワリーを前身とする麒麟麦酒株式会社（以下、麒麟麦酒）の躍進もあり、1980年代半ばに至るまで長い低迷期を味わうことになる。

　転機となったのが、1987年の日本初の辛口生ビールを謳った『アサヒスーパードライ』の発売であり、以降急激な回復基調に入ることになる。そして、1998年にはビールで単独首位となった。ちなみに、1998年はアサヒビール四国工場（以下、四国工場）が竣工した記念すべき年でもある。

　また、1994年には、サントリー株式会社（現 サントリーホールディングス：

1899年創業。以下、サントリー）が発売した発泡酒『ホップス』を皮切りに、各社発泡酒の開発、発売が急速に進められた。アサヒビールは発泡酒市場への参入を見送り続けてきたが、低価格をウリにビール市場への浸食を繰り返しながら、拡大の一途を辿る発泡酒市場への対応として、アサヒビールは、2001年に遂に『本生』を発売し、発泡酒市場への参入を決めた。

　そして、同商品は消費者から好意的に受け取られ、同年の発泡酒市場で業界2位の占有率を有することになる。さらには、ビール類（ビールと発泡酒の合計）で業界首位であった麒麟麦酒を抜き去り、ビール類でも首位の座に就いた。

　アサヒビールは、2001年には前述のニッカウヰスキーを完全子会社化し、洋酒市場へも参入し、2002年には協和醸酵工業株式会社（現 協和キリン）の酒類事業と旭化成株式会社の酒類事業（ハイリキ・旬果搾りなど）を譲り受け、焼酎市場への参入も果たした。

　その後も革新的な取り組みを継続的に行い、第3のビール（ビール風味のアルコール飲料）である『アサヒ新生』を、2005年に発売する。2008年には『クリアアサヒ』が発売され、同ジャンルにおける最大のヒットとなった。

　最近の酒類事業の市場競争状況を確認すると、業界首位は麒麟麦酒で1兆238億円、2位はサントリーホールディングスで1兆159億円、3位にアサヒグループホールディングスの9,194億円となっており、4位にサッポロホールディングスの2,508億円が付けている（2018-19年度）。このことからも、特に業界上位3社は肉迫しており、その競争は熾烈を極めている[2]。

アサヒビール四国工場（西条市）の概要

　アサヒビールの商品を製造している国内工場は全国で8拠点ある。竣工順に、吹田、博多、北海道（札幌市）、名古屋、福島（福島県本宮市）、茨城（茨城県守谷市）に続き、四国（愛媛県西条市）は、1998年に開設された。2002年の神奈川工場（神奈川県南足柄市）に次いで2番目に新しい工場となっている（**図表4-1**）。

　四国工場は、敷地面積76,000m^2、年間生産量（大瓶換算）で約17,000万本を誇る四国初の大規模ビール工場で、最新技術を集結した「人と環境に優しい21

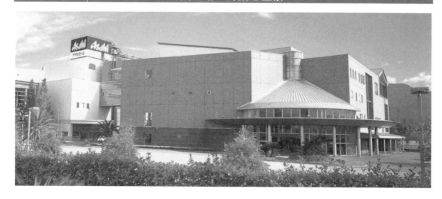

（出所）アサヒビール四国工場ウェブサイト（2020年8月29日閲覧）

世紀型工場」を謳い、四国全域（一部広島含む）へアサヒビール製品を提供する役割を担っている。また、併設されるビール園を含め、約200人が四国工場内で働いている。

　実際、アサヒビールでは工場見学という形式で、前述の製造工程を市民に公開しており、四国工場でも社員による映写室での工場概要や製造工程の説明の後、施設内の原料展示室、仕込室、粉砕室、コントロール室、発酵、熟成工程、濾過工程、缶詰工程、瓶詰工程、更に再資源化コーナーや「アサヒの森」コーナーを見学できるコースが用意されており、コースの最後には、ゲストホール

にて、出来立てのビールを味わうことができる。

　四国工場は、多くの観光ガイドブックや広報サイトにも特集され、西条市および愛媛県東予地域の観光の定番スポットとして本工場見学は位置付けられ、観光集客の面でも注目をされている[3]。

4-2. アサヒビールの地域への対応の取り組み

アサヒグループのマテリアリティの観点から見る地域への働きかけ

　『ASAHI GROUP INTEGRATED REPORT 2019』によると、アサヒグループサステナビリティビジョンに準じ、アサヒグループでは5つのマテリアリティに分け、社会的課題、および目指すべき未来の姿を設定している（**図表4-2**）。次項より、より地域対応に関係が深い事項を見ていく。

| 図表 4-2 | アサヒグループが掲げる5つのマテリアリティ |

（出所）『ASAHI GROUP INTEGRATED REPORT 2019』より抜粋

環境

　「持続可能な水資源」の領域では、①2030年までに水使用量の適正化やリサイクルシステムの拡大などにより、水使用量の原単位を3.2m^3/kℓ以下とする、②グループ内の製造拠点における水リスク調査を定期的（5年に1回）実施する、③2025年までに「アサヒの森」を活用した国内ビール工場ウォーターニュートラル[4]を実現する、以上3点が掲げられている。実際に、アサヒビールを主体とする酒類事業の水使用量は2014年時点で14,548,000m^{3}であったのに対し、2018年では14,006,000m^{3}と、500,000m^{3}以上の削減に成功している。

　四国工場では2014年時点で573m^{3}であったのに対し、18年では643m^{3}と微増している。ただし、飲料は当然のことながら、原料に水を使用するため、水使用量をゼロにすることはあり得ない。そのために、水使用量の削減とともに、水利用効率の向上など利用する水の適正管理が求められるのであるが、同時に持続可能な水資源を守ること、すなわち、水をはぐくむ森の保全活動が求められている。

社会貢献活動の観点での地域への対応

　具体的な社会貢献支出額（2019年時点）を見てみると、2015年度は12億1,000万円であったのに対し、その後増加傾向となり、2018年度には20億2,600万円と、8億円を上回る増加となっている。その内訳は、①災害被災地支援、②東日本大震災復興支援、③アサヒエコマイレージ[5]、④アサヒワンビールクラブ[6]がある。近年では、被災地である宮城県東松島市にて、アサヒグループホールディングスと一般社団法人東松島みらいとし機構が共同で実施した「希望の大麦プロジェクト[7]」が被災地、または復興支援として著名であろう。また、その他にも、「アサヒ　キッズプロジェクト」、「アサヒビール　ロビーコンサート」、「アサヒ若武者育成塾」といった魅力的な社会貢献活動も展開している。

■アサヒ　キッズプロジェクト

　親元を離れ施設で生活している子どもたちに、社会と接点を持たせ将来生きていくための社会性を身につけることを支援する活動を行っており、1997年より毎年実施されている。そして、2019年度までで、合計6,806人もの参加があった。

■アサヒビール　ロビーコンサート

　全国の工場や営業拠点のある地域で催される、社員手づくりのコンサートである。1990年に始まり、2015年11月時点で、開催総数は200回を超える、厚みのある社会貢献活動となっている。その特徴としては、①アーティストらとともに、現代音楽や民族音楽など、あまり聞く機会のない音楽をオリジナルで組み立てている点、②アートNPOやアートマネージャーを志す方々、または地域で活躍されるアートNPOや市民グループ等とのパートナーシップによって企画、運営がなされている点が挙げられる。四国工場が立地する愛媛県下でも、2009年に「島々を吹く風〜リズムのチカラ〜」が催された。

■アサヒ若武者育成塾

　「積極的に地域活性化に取り組もうとする意思のある高校生を対象としたプログラム」であり、「約半年間に及ぶ活動を通し、自ら地元地域の環境・食の課題を考え、周りを巻き込みながら解決に向けて行動する、志の高い地域のリーダーを育成すること」を掲げている。

　スケジュールは、①５〜６月：論文募集（「環境」、「食」）、②７月：論文審査結果発表、③８月：合宿、④８〜12月：地域活動、⑤12月：成果発表・審査となっており、論文の募集期間から数えて半年以上も続く長丁場のプロジェクトとなっている。受講対象者が高校生であることは常であるが、2006年の初年度は、四国の高校生を対象としてスタートし、その後対象を全国に拡大してきた。

　運営体制としては、主催としてアサヒグループホールディングス以外にも、公益社団法人日本環境教育フォーラムが加わり、全体のプログラムの質向上を図るなど運営体制の強化を図っている。また、チームアシスタント制を敷き、アサヒグループ社員によるサポート、具体的には合宿同行やアクションプラン

作成補助などを手掛けている。さらに、地元行政・企業・団体等との連携や環境教育等の専門家による実行委員会の設置など、教育効果を最大限発揮できるような配慮が施されている。

4-3. 西条市における地域活性化の取り組み（施策・活動）

水源地の森保全活動

　四国工場において、地域活性化への取り組みを述べるうえで、欠かせないものが「水源地の森保全活動」といえる。前述のように、アサヒグループ全体においても、取り組みテーマとして「持続可能な水資源」が掲げられており、飲料を取り扱う同社にとっては、水資源への注目は、当然の帰結であると考えられる。

　アサヒビールの拠点のうち、全国9カ所（うち、工場はすべて）で実施されている取り組みであるが、その発端は四国工場にあった。2004年に「自分たちで使う水は自分たちで保全する」という考えのもと、自発的に水源地の森保全活動を四国工場が先駆けて開始した。当時もすでに全国9カ所で実施されていた取り組みであったが、四国工場が石鎚山系水源地を実施場所に年間で3回と、その他の拠点と比べ、最も多い実施回数となっている。例えば、2016年5月14日に実施された、石鎚山系加茂川水源の森での具体的内容を紹介する。加茂川水源の森では、台風で崩壊した跡地に、四国工場と「石鎚水源の森くらぶ」と合同で植樹した山桜や梅が約1,800本あった。その下草狩りを年に2回、別の場所の下草狩りを年に1回、合計年3回実施したとのことである。そして、アサヒグループでは、本取り組みを「社内関係者だけでなく、地域住民を招くなど広がりが生まれている」と評価している（**図表4-3**）。

| 図表 4-3 | アサヒビール「水源地の森保全活動」(2015年度) |

	実施日	実施場所
北海道工場	06月20日（土）	定山渓国有林
	09月26日（土）	
福島工場	05月30日（土）	耶麻郡猪苗代町有林
茨城工場	11月14日（土）	友部水源の森
神奈川工場	05月09日（土）	足柄・桧山水源林
名古屋工場	05月09日（土）	木曽川水源地
	10月03日（土）	
吹田工場	05月16日（土）	奥島山国有林
近畿圏統括本部	05月16日（土）	遠阪アサヒの森
四国工場	05月30日（土）	石鎚山系水源地
	09月26日（土）	
	10月10日（土）	
博多工場	11月07日（土）	上梶原森林公園

（出所）『2015年アサヒビール「水源地の森保全活動」について』
（https://www.asahibeer.co.jp/news/2015/0310.html　2020年3月22日閲覧）

キッズプロジェクト

　「アサヒ　キッズプロジェクト」において、例えば、四国工場は四国KIDS『Let'sエコクラフト＆頂上目指せ！ボルダリング体験』と称し、2015年11月28日にエコクラフトとボルダリングが体験できるイベントを実施した。合計26人もの参加（うち、子どもは14人）があり、非常に盛り上がったイベントとなった。2014年10月25日には、『みんなでCooking！＆Go！これがビール工場だ！』と称し、地産地消の地元の食材を使ったピザ作り体験と四国工場見学を実施している。こちらも盛況で、32人の参加（うち、子どもは14人）があった。

若武者育成塾

　また「アサヒ若武者育成塾」に関しても、第1期の夏合宿の場所となったのが、四国工場が立地する西条市であった。夏合宿では、4日間にかけて行われたが、初日に加茂川での生きもの観察、2日目に豊島での不法投棄現場の視察、3日目には、廃棄物問題への意識を高めたうえで、四国工場に赴き、ゼロエ

ミッション（廃棄物ゼロ）の仕組みや、ごみ分別の様子、廃水処理などの見学を実施した。そして、最終日には、4日間の振り返りを行うとともに、成果発表に向けた準備にあてられたとのことであるが、以上の流れを俯瞰すれば分かるように、四国工場の果たした知識インプットの役割は、受講生からの卒塾後のコメントを見ても、非常に重要であったことが分かる。

4-4. 業界他社の地域活性化の取り組みとの比較

本節では、アサヒビールの同業他社としてキリンビールを取り上げ、地域活性化、社会貢献活動について比較して俯瞰したい。

キリングループでは、CSV（Creating Shared Value）[8]活動に注力し、「お客様や社会と共有できる価値の創造」をその活動の軸に挙げ、『自然と人を見つめるものづくりで、「食と健康」の新たなよろこびを広げ、こころ豊かな社会の実現に貢献』することを目標にしている。具体的には、①健康、②地域社会・コミュニティ、③環境、④適正飲酒、以上4つの領域を掲げている。

例えば、地域社会・コミュニティにおいては、「お客様が家族や仲間と幸せな時間を共有できる機会を増やすとともに、原料の生産者が抱える問題の解決に共に取り組むことで、豊かで活気あふれる地域社会の形成とコミュニティの活性化に貢献し、事業基盤を強化」することを目標とし、①日本産ホップの保護活動、②葡萄栽培における契約栽培、および自社管理畑の強化、③サード・キッチン・プロジェクト、④地域トレーニングセンタープロジェクト、⑤復興応援　キリン絆プロジェクトに取り組んでいる。

サード・キッチン・プロジェクト[9]

「Third Kitchen Project」は、第一弾として対象地域を能登・七尾地域（石川県）として2016年に実施された。これは、能登七尾を愛する農業・水産業の若手生産者で構成する「能登 F-F Network」が主催し、地元行政とキリンが協力して取り組むプロジェクトである。プロジェクト名は、料理人にとっての

第一のキッチンは勤務先であるレストランで、第二のキッチンが自宅なら、第三のキッチンを能登・七尾で持ってもらおうという趣旨である。

　石川県七尾市は、能登半島の真ん中に位置し日本海に面した漁場と、山のふもとに広がる田畑を抱える豊かな土地である。しかし、労働力の減少、コミュニティの衰退などの課題を抱えている。そこで「Third Kitchen Project」は、能登七尾の若手生産者が主体となり、世界農業遺産にも認定されたこの里山里海が育む、特色ある野菜や魚などの能登食材を全国に料理人に現地に来て現場を見て知ってもらい、その食材を活かした料理を創造して、さらにそのレストランの顧客（消費者）に価値を伝達・提供するという活動を開始した。つまり「生産者と料理人と消費者のコミュニティ」を形成するプロジェクトである。

　「生産者トークイベント」では、各地のレストランに生産者が赴き、料理に使われている食材のルーツや能登の気候・文化などについて感じ料理を味わってもらう。グルメ顧客を招き、「農家と漁師が主催する大人のハロウィーン食談義」も開催された。

地域トレーニングセンタープロジェクト

　2013年に開講した次世代農業経営者育成プログラム「東北復興・農業トレーニングセンタープロジェクト」をベースに、そこから得た知見や人脈を活かし、次世代の地域リーダーを育成、応援するために生まれたプロジェクトである。具体的には、1年間を通じて、メンバー同士で各々の地域を巡り、その地域プレイヤーと繋がることで、イノベーションの誘発を期待する企画である。実際に、17年はその地域ならではの体験とビールを愉しむ旅をプロデュースする「ビアツーリズム」、18年には東京に全国のプロデューサーが集う「Peace Kitchen BASE」の共同開発、19年は各地域のクラフトビアブリュワリー事業の活性、地域プロデュースを担う会社「Inter Local Partners」の設立など、多岐にわたる成果が、このプロジェクトから生まれている。

4-5. アサヒグループの地域活性化の取り組みの評価

対業界・競合他社視点での評価

■共通に取り組まれていること

　実際に社会や地域に提供されるコンテンツや製品、サービスなどに若干の差異はあるものの、概ね共通している点が多い。例えば、キリングループが掲げる環境ビジョンの中で訴求されていた4つのテーマ、①生物資源、②水資源、③容器包装、④気候変動は、他の2社も表現や具体的数値目標がわずかに異なるものの、3Rや持続可能な水資源利用、副産物・廃棄物再資源化に代表される近しい改善活動を展開している。

アサヒグループ独自の取り組み

　アサヒグループの特徴ある取り組みとして「若武者育成塾」に注目したい。同様の次世代育成のプロジェクトは、競合他社も行っているものの、このプロジェクトに関しては、第一に2006年以降断絶することなく続いていること、第二に半年以上もかけ、現場に根差した実践的ワークショップをベースに全国の高校生に広く提供していること、そして、最後に、このプロジェクトのアドバイザーに多くの社員を動員していることが、特異な点として挙げられる。

　特に着目点は、本件に社員がアドバイザーとして動員されることである。これは、高校生の学びの場であると同時に、若い感性、固定観念の無い洞察、そして地元に対する愚直な程の情熱に触発され、社員自身の学びの場にも繋がる点とのことである。この経験は、一般的な座学研修では提供できない、生きた知見であり、高校生の姿勢と自身とを照らし合わせることで、気付かなかった自らの特徴を浮かび上がらせる優れた学習機会になるものと考えられる。

アサヒビール四国工場の全社比較からの取り組みの特徴

　四国工場から始まる取り組みが数多い。例えば、2004年より四国工場にて行われた、水源地の森保全活動に関しても、現在では国内すべての工場で取り組まれる活動へと発展した。また、社会貢献活動においても、「アサヒビールロビーコンサート」、「アサヒ若武者育成塾」が最初に四国工場で実施スタートした。

4-6. 総括：アサヒビール四国工場の事例 —企業による地域活性化への示唆

地域資源である「うちぬき」、「石鎚山」を活かした独自商品開発

　四国工場が立地する西条市では、アウトドア総合メーカー、株式会社モンベル（以下、モンベル）も市内の石鎚山系の豊かな自然環境に注目し、石鎚山一帯を「フレンドエリア[10]」に認定し、モンベルクラブへの告知を行っている。また、モンベルは、2017年に西条市と包括連携協定を結び、アウトドア活動等を通じて地域活性化、市民生活の質の向上に繋げようとしている。このような企業と連携した西条地域ならではのクラフトビールの開発はどうだろうか。市場全体で見れば、クラフトビールのシェアはわずかであるが[11]、佐伯（2020a）が主張するように、清酒や果実酒市場などを見渡して見ても、消費者の嗜好の多様性がより一層強まっており、市場対応の面から重要である。さらに水がきれいで（しかもアサヒビール工場があり、若者起業塾制度のある）西条市で、クラフトビールの起業・製造が盛んになることは、西条市の地域ブランドイメージ形成にも大きな意味を持つと考える。

西条市では農業生産額が大きいが、市内の食料品やサービス産業への取引関係が乏しい

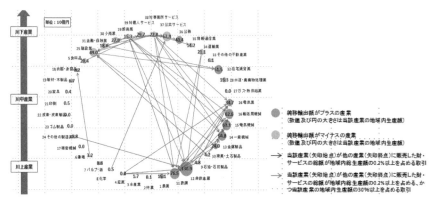

（出所）環境省・価値総合研究所（2018）「西条市の地域経済循環分析-2013年版Ver1.0」

西条市の豊富な地域産品：食材を活用した加工食品の開発

　アサヒビールは、グループ企業に加工食品企業を有している。四国工場の観光客向けショップでもアマノフーズのフリーズドライ食品が販売されているが、西条市の地域産品として日本一の生産出荷額を誇る「春の七草」がフリーズドライされた雑炊など、西条市の豊富な食材を活かす製品開発もあってもよいのではないかと思われる。

　これは、西条市の地域課題である、豊富な農産品（１次産品）があるにもかかわらず地域内で高い付加価値の商材（２次産業化）に加工されず、販売されていない（３次産業化）、すなわち６次産業化の遅れを少しでも解決する取り組みになると期待される（**図表 4-4**）。

大山崎美術館の民藝リソースの活用

　西条市にはクラレ由来で、四国唯一の民藝館（日本民藝協会に属する正統的民藝館）が存在するが、地域での認知の不足やクリエイティブの不活性が課題と

なっている。一方、アサヒビールは、関西において、民藝への取り組みは長年積極的で有名である。

　朝日麦酒初代社長、大阪ロイヤルホテル経営の山本爲三郎氏のコレクションをもとにした「アサヒビール大山崎山荘美術館」の所蔵品の中核を成すのが民藝である。柳宗悦収集品、河井寛次郎、濱田庄司、バーナードリーチなどの作品を多数収蔵する民藝の拠点である。そうしたアサヒビールの民藝リソースを西条市でも発揮し、愛媛民藝館の文化企画の強化、集客のテコ入れ（ビール工場で集客する観光客の市内中心部：伊予西条藩松平家陣屋エリアにある四国民藝館への回遊紹介など）につながる連携が強く望まれる。

　このように、アサヒビールの企業資源と西条市の地域資源の掛け合わせでの西条市の地域価値を高める地域活性化を期待したい。

（1）　本章に記述する当該企業の取り組みの評価や今後の展開に関しては、筆者の考察に基づくものであり、当該企業の見解ではない。
（2）　日本国内のビール系飲料市場は縮小が顕在化している。ピークだった1994年の5億7,300万ケース（1ケースは633ml 20本換算）に比べ、2019年は3割減った。サントリーを除く大手3社は、過剰な生産能力解消へ工場閉鎖に踏みきった。新型コロナウィルスの影響で外食向け需要も振るわない。ビール以外の商品の増産については、アサヒビールは福島工場で缶酎ハイの生産ラインを新設したほか、博多工場で31億円を投じてノンアルコールのビール飲料の生産設備を導入する（2020年8月27日付け日本経済新聞 記事）。
（3）　RESAS西条市データ（原出所：ナビタイムジャパン「経路検索条件データ」）によると、西条市観光拠点目的別検索ランキング（交通手段：自動車/休日）で、石鎚山、石鎚登山ロープウェイに次いで、アサヒビール四国工場が第3位に位置付けられている（2017年）。
（4）　ウォーターニュートラルとは、「水資源の使用量削減と水資源の保護による補填などを組み合わせることで、使用する量と同等量の水を自然に還元する取り組み」を指している（資料：『アサヒグループ環境ビジョン2050』より抜粋）。
（5）　アサヒエコマイレージとは、アサヒグループ社員が行う環境保全・美化活動などをエコマイレージポイントとして事業場ごとに貯めていく活動を指す。年間で貯めたポイントは、翌年に金額換算し、地域の社会貢献活動に寄付される構造となっている（資料：「エコマイレージ」 https://www.asahigroup-holdings.com/csr/philanthropy/social/social_mileage.html　2020年3月22日閲覧）。
（6）　アサヒワンビールクラブは、2002年から2018年まで活動した従業員有志による募金活動を指す。「ビール一杯分の社会貢献活動を」を合言葉に、従業員の自発的な意思により、

毎月1口200円から積み立てをし、社会貢献活動をしている団体へ寄付してきた。本活動は2018年をもって終了している（資料：「アサヒ ワンビールクラブ」https://www.asahigroup-holdings.com/csr/philanthropy/social/social_beer.html　2020年3月22日　閲覧）。

（7）　希望の大麦プロジェクトとは、被災した土地で大麦を栽培し、収穫物から地ビールや菓子などを製造・販売することで、地元に新たな産業や雇用を生み出そうという取り組みを指している。東松島市をはじめとする行政機関や東北大学などの研究機関、市内の農家や市民の方たちの協力を得て、「産・官・学・民」の連携のもと、被災地に"なりわい"と"にぎわい"を取り戻すことを目的としている。実際、本件にて2016年に誕生した東松島地ビールは大きな話題を呼んだ（資料：『被災した土地を蘇らせる「希望の大麦プロジェクト」』https://www.asahigroup-holdings.com/express/detail/160113-mugi.html　2020年3月23日閲覧）。

（8）　キリングループでは、CSVを次のように定義している。①（企業が社会と）共有できる価値を創造すること、②社会課題への取り組みによる「社会的価値の創造」と「経済的価値の創造」の両立により、企業価値向上を実現すること（資料：「CSV活動」https://www.kirin.co.jp/csv/　2020年3月24日閲覧）。

（9）　宮副謙司「企業が関わる地域活性化の事例：キリン一番搾り地域づくりの事例を中心に」東レ経営研究所『経営センサー』2018年4月号、2018年。

（10）　フレンドエリアとは、モンベルが推薦する「豊かな自然環境の中でアウトドア・アクティビティを楽しめる、モンベルおすすめのフィールド」を指す。全国には90を超えるフレンドエリアがあり、そのどれもが日本有数のアクティビティスポットとして著名になっている。（資料：「全国のフレンドエリア」https://club.montbell.jp/privilege/fshop/aboutarea/　2020年3月25日閲覧）。

（11）　例えば、地ビールの出荷量トップである、新潟県に拠点を構えるエチゴビール株式会社であっても、出荷量は2,033kℓ（2019年1-8月）であり、非常にニッチな市場であることが分かる（資料：「第10回　地ビールメーカー動向調査」https://www.tsr-net.co.jp/news/analysis/20191025_02.html　2020年3月25日閲覧）。

第 **5** 章 **クラレ西条事業所**

宮副謙司　*MIYAZOE Kenshi*

5-1. クラレ：企業概要

事業の概要[1]

　クラレの製品内容は長期的に大きく変化し、かつての繊維から次第に化学製品の構成比が増え、現在では実質的には化学素材メーカーの様相を呈している。全社売上高に占める構成比は、繊維16％、化学関連84％となっている（2019年度）[2]。また事業の海外展開も進み、海外売上高比率も68％へと高まっている（2019年度）。

　クラレは独自の技術力で新製品を生み出してきた。国産技術による初の合成繊維ビニロンを世界に先駆けて事業化したのをはじめ、ビニロンの原料樹脂であるポバール樹脂、液晶ディスプレイに欠かせないポバールフィルム、高いガスバリア性（気体を通しやすい性質）を持つEVOH樹脂「エバール」、世界唯一の合成法イソプレンから生まれるケミカル製品群などを事業化した。また天然皮革の構造を再現した人工皮革「クラリーノ」、面ファスナー「マジックテープ」など、独創的な技術から生まれた世界シェアNo.1製品を保有し、売上高は、グループ全体の半分以上に達するほど主要製品になっている。

　クラレグループの連結業績（2019年度）は、売上高5,758億円、営業利益542

億円となっている。従業員数（連結）は11,115名、女性従業員比率は18.2％である。

沿革

　クラレは、1926年、当時の先端技術であった人造絹糸レーヨンの企業化を目的に設立された。その後、繊維を中心に事業展開をしてきたが、繊維産業が海外にシフトするなど事業環境の変化に伴い、繊維で培った高分子化学・合成化学の独自技術をベースに、世界で競争力を持つビニルアセテート関連事業など化学品分野で拡大を続け、事業ポートフォリオの強化を進めてきた。

　1950年には、わが国初の国産合成繊維として世界に先駆けて「PVA（ポバール）」繊維ビニロンの工業化に成功し、日本における化合繊産業の草創期を切り開いた[3]。1960年代、天然皮革の構造を再現した人工皮革「クラリーノ」の開発やポリエステルの技術導入を行った。1970年代、世界初の合成法によるイソプレンケミカル製品の事業化、ガスバリアー性の高い機能樹脂「エバール」、歯科材料・人工臓器・コンタクトレンズなどのメディカル事業、外資との合弁による不織布事業など、新規事業を相次いで立ち上げた。1990年代は、事業の多角化を推進し、合成繊維では衣料用だけでなく「ビニロン」や「ベクトラン」などで機能性を活かし産業用資材へ事業領域を拡大した。クラレグループは繊維を祖業とするメーカー企業であるが、事業環境が厳しくなった繊維関連事業の効率化を進める一方で、当社グループの独自技術を活かした化学品関連等事業を伸ばしてきた（**図表 5-1**）。

クラレ西条事業所の概要

　西条事業所の歴史は古く、1936年に倉敷絹織株式会社西条工場として操業を開始した（**図表 5-2**）。1949年に倉敷レイヨン株式会社、1970年に株式会社クラレにそれぞれ社名変更、さらに2001年に西条工場から西条事業所へ改称した。この長い歴史の中で、その生産内容も本体同様に大きく変化し、レーヨン関連の生産は1995年で終了し、現在の主力製品はポバールフィルム（パソコンモニ

図表 5-1　クラレグループの主な製品

●印は、株式会社クラレ西条事業所およびクラレ西条株式会社の主要生産品

〈クラレポバール〉〈エルバノール〉 (ポバール樹脂)
紙・繊維加工材、接着剤、塩化ビニル樹脂重合安定剤等

光学用ポバールフィルム
液晶ディスプレイ向け偏光板等

水溶性ポバールフィルム
個包装洗剤等

〈トロシフォル〉 (PVBフィルム／アイオノマーシート)
合わせガラス用中間膜

〈エバール〉 (EVOH樹脂)
食品包装材、自動車用ガソリンタンク、防汚壁紙、真空断熱板等

〈プランティック〉 (バイオマス由来のガスバリア材)
食品包装材

イソプレンケミカル
洗浄剤、香粧品、医薬・農薬中間体等

〈セプトン〉 (熱可塑性エラストマー)
ゴム製品代替、自動車部品、筆記具、玩具、スポーツ用品等

液状ゴム
自動車タイヤ添加剤

〈クラリティ〉 (アクリル系熱可塑性エラストマー)
粘接着、成形材料等

〈ジェネスタ〉 (高耐熱性ポリアミド樹脂)
スマートフォン・パソコン向け電子部品、LED反射板、自動車部品等

メタクリル樹脂
液晶ディスプレイ用導光体、自動車部品、看板、建材等

歯科材料
有機系・無機系各種歯科材料等

活性炭
浄水、排水処理、キャパシタ向け電極材等

〈クラリーノ〉 (人工皮革)
紳士・婦人靴、かばん、スポーツ・トレーニングシューズ、ボール等

ビニロン
セメント・コンクリート補強材、自動車ブレーキホース等

〈クラフレックス〉 (不織布)
生活関連用品、工業用品 (ワイパー、フィルター、自動車用途) 等

〈マジックテープ〉 (面ファスナー)
衣料、スポーツ用品、工業資材等

〈ベクトラン〉 (高強力ポリアリレート繊維)
航空宇宙、複合材、電子部品、ロープ、スポーツ用品等

〈クラベラ〉 (ポリエステル長繊維)
衣料・資材用原糸・生地、スポーツウェア、ユニフォーム等

クラレグループ製品
クラレグループの幅広い高機能板製品およびその加工品

アクア事業
水質浄化、排水処理、バラスト水管理システム等

〈ベクスター〉 (液晶ポリマーフィルム)
高速伝送フレキシブル回路基板等

(出所)「クラレレポート2020」p.18.

（出所）クラレ資料（2018年8月入手）

ターなどデジタル機器の表示に欠かせない偏光板用フィルム）や高機能な極細繊維不織布などになっている。グループ会社を含む従業員数は811名である（2019年12月31日現在）。

5-2. クラレの地域活性化の取り組み（全社的な取り組み）

全社的なビジョンからの地域への対応

クラレグループの「マテリアリティ」（重要課題）は、5分野あり、事業を通じた価値づくりとして「自然環境の向上」、「生活環境の向上」、また基盤強化のための価値づくりとして「資源の有効利用と環境負荷の削減」、「サプライ

チェーン・マネジメントの向上」、「『誇りを持てる会社』づくり」を位置づけ取り組んでいる（2019年に改定）[4]。

　基盤強化のための価値づくりの中で、国内外の事業拠点の地域に根ざした活動など、社会的な課題の解決につながり、社員の主体的参加を重視し、長期的に持続可能な活動を活動のあり方とする、社会貢献活動に全社的に積極的に取組んでいる[5]。それは、①文化、②福祉、③環境、④学術を重点領域として、具体的な施策を用意し、全国の事業所で推進している。

　第一に、文化領域への取り組みでは、初代社長の大原孫三郎氏が設立した公益財団法人大原美術館の支援を継続的に実施するとともに、事業所での文化活動の支援を行っている。

　第二に、福祉領域については、知的障がい者の就労支援・雇用数の維持・定着を図るため、各事業所で作業施設を運営するとともに、「クラレふれあい募金」の寄附などを実施している。

　第三に、環境テーマでは、森林保全として岡山事業所の「クラレ岡山みらいの森」、新潟事業所の「ミラバケッソの森づくり」を実施、すべての事業所で清掃ボランティアを継続している。

　第四に、学術領域への取り組みに関しては、健全な青少年育成を目標に、各事業所で少年少女化学教室の開催、社外イベントへの参加、スポーツ大会の主催などを実施している。西条市では少年少女化学教室を「わくわく化学教室」の名称で近隣小学校対象に開催している。その他、「クラレ文庫」（図書寄贈）での地域への取り組み施策がある。

クラレ財団の活動

　一般財団法人クラレ財団は、クラレの出捐により2016年に設立された社会貢献財団（非営利型一般財団法人）で、クラレと歴史上、事業上でつながりの深い外部機関と連携し、社会的課題の解決に資する活動を助成している。具体的には、「ARKO」（アーティスト・イン・レジデンス・倉敷、大原）への協賛、美術品の修復保全に携わる人づくりの支援、障がい者雇用促進に資する学術研究の実施、西日本豪雨被災者支援などが地域への対応として挙げられる[6]。

5-3. クラレ西条事業所の取り組み

　西条事業所では、全社共通の施策への参画、活動実践を地域特性・資源を活かして実施している。西条事業所開設当初から地域に住む従業員に向けた福利施設が整備され充実していたのが特徴で、現在の事業所敷地には体育館・野球場・テニスコートなどが備えられている。地域コミュニティへの働きかけの事例として、本節では、西条事業所の施設の環境を活かした「観桜会」と「わくわく化学教室」を取り上げる。

観桜会

　「工場敷地内を彩り豊かに」という創業家の意向を踏まえ、西条事業所独自の企画で、1936年の立地直後から敷地内には桜が数多く植えられた。開花時期には約100本の桜が並木となって美しいことから、1992年より開花期には地域住民に事業所敷地の一部を公開し「観桜会」を開催している。当初は500名程度の参加であったが、現在は10,000名を超える参加で、愛媛県内有数の桜の名所となった。2019年は4月3日、4日に開催された。この取り組みは、西条事業所独自の地域対応である（近隣の社会福祉施設入居者を招いた観桜会もその時期に別途開催している）。

わくわく化学教室

　クラレ西条事業所と西条市では、化学のおもしろさ、実験のドキドキ感を多くの子どもたちに知ってもらうため、年間3回、「わくわく化学教室」を開催している。2019年度は、第1回「プラスチックフィルムってどんなもの？」をテーマにした授業・実験（2019年6月、対象：市内小学5・6年生、定員：36名）に始まり、第2回「不織布ってなぁに？」、第3回「繊維って何だろう」などクラレで製造している製品に関連する化学テーマで授業と実験を実施した[7]。
　その他、「クラレ文庫」として図書を寄贈するなど地域対応に数多く取り組

んでいる。

これまでの長年の取り組みと変化

　クラレは、1936年より西条市にて事業展開しており、その地域への取り組み
は、事業内容の変化に伴う従業員環境の変化や、地域に必要なニーズの変化も
あり、当初の福利厚生主体の取り組みから文化面へ、その施設の地域への開放
や運営移管など経年変化してきた。すなわち、過去に従業員向けに寮、食堂、
体育施設、病院、教会、幼稚園などを開設した。その後、継続しているもの、
変化しているものがあり、教会・幼稚園（栄光教会）、病院（西条中央病院）な
ど地域の団体や市民に運営主体が移り事業継承されている。
　またクラレ本拠地の倉敷と同様、大原總一郎氏の寄附により民藝コレクショ
ン拠点（収集品数約2,000点）として「東予民藝館」を設立し、1967年に開館し
た。その後に1977年に、現在の名称の「愛媛民藝館」と改称した。ここは日本
民藝協会に加盟する四国唯一の民藝館で、四国各地の陶磁器、木工品、漆器、
竹など使った編み物、絣の織物などが展示されている[8]。長年クラレ退職者が
運営支援するなど文化活動を継続し、現在は公益財団法人愛媛民藝館が運営し
ている。

5-4. 業界他社の地域活性化の取り組みとの比較

　本節では、クラレの競合他社として、東レ株式会社（以下、東レ）に着目す
る。東レもクラレと同様に、繊維（とりわけレーヨン）を祖業とし、化学製品
の製造販売の比率を高めてきた企業である。
　東レ株式会社は、合成繊維・合成樹脂をはじめとする化学製品や情報関連素
材を取り扱う大手化学企業である。社名にある「レ」は再生繊維のレーヨンを
意味する（旧社名：東洋レーヨン）が、現在、レーヨンの生産は行っていない。
現在は、下記製品の製造・加工および販売を行っている。

◇繊維：ナイロン・ポリエステル・アクリル等の糸・綿・紡績糸および織編物、不織布、人工皮革、アパレル製品等
◇機能化成品：ナイロン・ABS・PBT・PPS等の樹脂および樹脂成形品、ポリオレフィンフォーム、ポリエステル・ポリエチレン・ポリプロピレン等のフィルムおよびフィルム加工品、合成繊維・プラスチック原料、ファインケミカル、電子情報材料、印写材料等
◇炭素繊維複合材料：炭素繊維・同複合材料および同成形品等
◇環境・エンジニアリング：総合エンジニアリング、マンション、産業機械類、情報関連機器、水処理用機能膜および同機器、住宅・建築・土木材料等
◇ライフサイエンス：医薬品、医療機器等

　連結売上高は 2 兆2,146億円（2019年度）、従業員数は、東レ7,568人、国内関係会社10,430人、海外関係会社30,033人、合計48,031人となっている。
　地域への取り組みとして、本節では「東レ合繊クラスター」と「環境対応」を取り上げる。

東レ合繊クラスター

　東レ合繊クラスターは、国内繊維産業の復権と活性化を目指して、2004年に創設された。産地の川中企業が下請や委託といった既存の枠組みを越えて自主・自立の道を歩むため、それぞれが持つ経営力、技術力を結集して、世界に類例のない原糸／高次加工一貫の連携体制の構築に取り組んでいる。とりわけ、炭素繊維の分野で北陸の産学官と連携を進め「技術開発を通じて、北陸の新たな産業創出に貢献すると活発な動きがある。2019年には、金沢工業大学や石川県工業試験場などと連携して、炭素繊維を使った壁面パネルの建材などへの活用を進める。福井県やフクビ化学工業などとは、炭素繊維複合材料で古い橋梁を補強する技術開発に取り組む。東レと北陸産地との取引状況については、発注額が増加傾向にあるという。

環境テーマを通じた地域への対応

　「グリーンイノベーション事業」に取り組む東レグループは、その専門技術や人材を活かした環境教育支援に積極的に取り組んでいる。小・中学生向けのオリジナル環境教育プログラムを開発し、技術・研究・営業・管理系など、さまざまな職種の社員が講師となって出張授業を行っている。2018年度は拠点近隣の29校で実施した。

　また、生物多様性を育む社会づくりに寄与するため、地域と連携した環境保全活動などを継続的に行っている。具体的には、各拠点での工場緑化保全の活動に加え、市区町村やNPOと連携した河川・海岸の清掃や森づくりなどに社員が参加している。活動と併せてNPOによる講話を聞くことで、社員の環境問題や生物多様性への理解促進にもつなげている。例えば、労使共催で実施している富士山の森づくり、東レ新入社員導入研修で実施している田子の浦海岸清掃、NPO法人荒川クリーンエイド・フォーラムと連携し、地球環境や生態系への影響を学びながら荒川河川敷を清掃する荒川クリーンエイド活動などが挙げられる。また東日本大震災被災地での継続的な支援、2018年7月豪雨による災害に対する支援も実施した。

5-5. クラレグループの地域活性化の取り組みの評価

対業界・競合他社視点での評価

　クラレグループの地域への対応を、業界他社（東レグループ）と比較すると、両社共通項として、自然環境保全をテーマにした活動が挙げられる。一方、地域の繊維企業との連携に関しては、「東レ合繊クラスター」が活発である。これは、東レの繊維事業の全社の売上高／営業利益に占める構成比は約40％と、クラレ（16％）に比べ大幅に高いことが背景にある。

また、クラレグループ独自の取り組みとしては、文化面の取り組み（大原美術館、倉敷・西条での民藝館）が明らかにいえる。創業家の意向から早い年代からの長年の取り組みが特徴である。美術品の修復保全の支援も地域にとって文化施設の充実・維持につながり意味がある。

全社比較から見た西条事業所の取り組みの特徴

クラレグループ全社と西条事業所の活動を比較すると、クラレグループ全社の取り組みの枠組みの中で、西条事業所の取り組みが行われていることが分かる。清掃ボランティア活動、わくわく化学教室などがその例である。ただ、岡山事業所は独自の取り組みがあり、それについては西条事業所で実施していない[9]。

また西条事業所独自の取り組みとして、事業所内の桜並木を開花期に地域住民に開放する観桜会がある。これは西条事業所の独自の施設環境を活かした取り組みである。

5-6. 総括：クラレ西条事業所の事例 —企業による地域活性化への示唆

長年の地域活動から地域への働きかけも変化するという取り組み事例に学ぶ

昭和初期は、生産工程での女性・若年労働層に多く頼る事業特性であったため、従業員用の福利厚生施設や制度の充実が必要で、それが地域に向けても大きな貢献であったと推測される。クラレは、創業地・本拠地の倉敷市だけでなく、進出した西条市にも同じように従業員向け施設などを設けていた。それらが、長年を経て地域に開かれ、定着していることはすばらしいことである。

クラレの早い時期からの長期にわたる取り組みは称賛に値する。このような創業家の精神を現在の経営幹部が受け継ぎ、21世紀ならではの福利厚生や地域貢献のかたちで、地域に（地域の従業員に）生活充実がもたらされることに期

待したい。

地方における実業家とその人材の長期視点での育成[10]

　クラレの事例によって、地方創生に関して明治時代以降、ある人物が地方に
おいて新しい産業を起こし、経済を活性化させた歴史を見ることができる。そ
こで生み出された資金を従業員の福利厚生に投資し、ひいては地域住民の生活
や文化のインフラ等の整備・充実等、公共的な面でも、地域に貢献した例が各
地に存在する。現代の見方をするならばSDGsとなる社会・環境・経済のコ
ミュニティ活動と捉えられる。このような活動を継続した時に地方の起業家が、
名望家と呼ばれるのだろう。

　大原孫三郎は、倉敷市において倉敷紡績、倉敷絹織（現在のクラレ）、中国合
同銀行（現在の中国銀行）等の社長を務め、地方で財閥のような企業集団を形
成した。大原家は、江戸時代には庄屋として農民を束ね、綿花および綿織物流
通で財を成したが、明治以降、さまざまな産業を起業し地域経済に大きな貢献
を果たした。そして数々の社会的活動を取り組んできた特徴を持つ。

◇農業研究所
　　大原孫三郎は、東京での学生時代の友人から送られた二宮金次郎の記録書
　「報徳記」を読み感化され、大原奨農会（1929年に「大原農業研究所」に改
　称）を設置した（1914年）。そこで岡山特産の桃やぶどうの品種改良を研究
　し、付加価値を高め農業者の所得を改善した。その結果、岡山が日本有数
　の桃とぶどうの大生産地へと発展した。
◇社会問題研究所
　　大阪に「大原社会問題研究所」を開設した（1919年）。孫三郎は経営者・
　資本家の立場であったが、貧乏をどう防ぐかというテーマに向き合うとい
　う社会的使命感を持ち取り組んだという。
◇労働科学研究所
　　実際の現場を対象にした科学的な研究を積極的に取り入れた。労働を科学
　して人権を尊重しながらも生産性を高める努力を進めた。例えば、労働環

境改善に向けて室温が高くならないように建物に蔦を這わし調整した（現在の「倉敷アイビースクエア」）。また現在も松山に残っている「労研饅頭」は、労働者の栄養改善を主眼に生まれた食材だという。

◇倉敷中央病院

「研究目的でない真に患者のための治療」、「病院くさくない明るい病院」、「東洋一の理想的な病院」という理念を掲げ、市民に開放する病院が建設された（1923年）。当時最新の医療機器を集め、優れた人材を揃えた病院は、倉敷のみならず広域の医療環境改善に寄与した。

◇大原美術館

地元画家の児島虎次郎を支援するとともに、モネ、エル・グレコ、ゴーギャン、ロダン等の作品収集を収蔵した日本で初めての西洋美術館である大原美術館を開館した（1930年）。芸術家・愛好家はもとより、地域住民にも鑑賞機会となるようにと広く公開し、今では年間約30万人が来館する日本有数の私設美術館となっている。

地域の実業家の活動を支援する

地域の実業家が起業し、東京という市場とつながってビジネスを拡大する。その結果、資本の蓄積ができて、地方に大原美術館のような文化投資や、病院・スポーツ施設など社会投資が行われる。それがまず地域活性化の対応といえる。そして、それらは長年の情報発信を経て東京や全国から関心を持つ顧客を集客し観光資源ともなっていく。これが新たな地域価値の創造であり、クラレの起こした倉敷がその好例である。

そのような観点から、現在において、クラレの創業家である大原孫三郎・總一郎のような（その後、地域の名望家になっていくような）地域の実業家をいかに発見し育てていくか。地方の大学の役割ももちろんであるが、東京の大学も違った立場からになっていけるのではないだろうか（**図表5-3**）。2020年のコロナ禍での大学のオンライン授業の取り組み実施状況からすれば、東京と地方の創生関係は、大学がオンラインで授業コンテンツを地方人材に提供し、起業の支援やマネジメントに必要な経営教育を新しい形で実施できる素地は十分にで

　地方起業を起点とした地方と東京の創生関係および大学の役割 イメージの概念図（関係の 3 重構図）

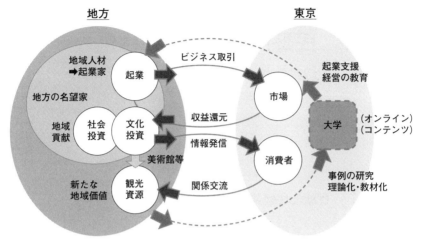

地方　　　　　　　　　　　　　　　　　東京

地域人材
➡起業家　　　起業　　ビジネス取引　　　起業支援
　　　　　　　　　　　　　　　　　　　　経営の教育

地方の名望家　　　　　　　　　市場　　　　　大学　（オンライン）
地域　　社会　文化　収益還元　　　　　　　　　（コンテンツ）
貢献　　投資　投資

　　　　　　　　情報発信　　消費者
　　　　　美術館等

新たな　観光　関係交流
地域価値　資源　　　　　　　　　　　　事例の研究
　　　　　　　　　　　　　　　　　　理論化・教材化

（出所）宮副謙司（2020a）

きている。

（1）　本章に記述する当該企業の取り組みの評価や今後の展開に関しては、筆者の考察に基づくものであり、当該企業の見解ではない。

（2）　「クラレレポート2020」p.4。

（3）　クラレ会社概要および沿革ウェブサイト（https://www.kuraray.co.jp/company/overview　https://www.kuraray.co.jp/company/history　2020年 9 月 1 日閲覧）。

（4）　「クラレレポート2020」pp.35-36による。

（5）　「クラレレポート2018」p.47に基づき記述している。

（6）　「クラレレポート2020」p.47をもとに記述した。

（7）　西条市の担当部署は産業経済部産業振興課となっている。西条市役所ウェブサイト2019年10月23日発信記事（https://www.city.saijo.ehime.jp/soshiki/sangyoshinko/1wakuwaku.html　2020年 9 月17日閲覧）をもとに作成。

（8）　久保庄司（2017）「愛媛民藝館50年に寄せて」『民藝』（2017年12月号）No.780号、pp.4-5。

（9）　クラレ岡山事業所では、2005年から「小学生絵画・書道コンクール」を実施している。

（10）　宮副謙司（2020a）「地方の名望家に学ぶ―青山から考える地域活性化論⑨」『青山学報』（2020年夏号）をもとに記述する。

第 **5** 章—補論 民藝による地域活性化

内海里香　*UTSUMI Rika*

5(補)-**1.** 民藝と民藝運動について

　民藝とは、日常的に使われる工芸品のことである（民藝＝民衆的工芸の略）。そして、日常的な暮らしの中で使われてきた手仕事の日用品の中に「用の美」を見出し、活用しようとする活動が民藝運動である。

　1925年、白樺派の同人で思想家の柳宗悦の着眼から始まり（柳が「民藝」と命名）、陶芸家の河井寛次郎、濱田庄司、バーナード・リーチ（英国人）らも参画し、活動が広がった。

　柳は、当時の美術界でほとんど無視されていた日本各地の日用食器・生活雑貨など、無名の工人による民衆的工芸の良さを発掘し、世に広く紹介した。また陶芸に関しては、河井・濱田ら陶芸家が全国各地を回り、地域の職人に技法を伝授した。かつての伝統工芸の名品を発見するような「収穫」ではなく、新たな創作を生み出すような「種まき」と見ることができる。

柳宗悦（1889-1961）の考え方

　柳宗悦は、民藝について次のように語っている。

　　『芸術家という個人が生み出す芸術作品の美だけでなく、名もない職人がつ

くる「使うための道具」にも美があると認識する。伝統的な手法でつくられ、当たり前に人々の暮らしで使われてきたものには、おのずと地域の風土や歴史が積み重なっている。人々の暮らしから必然的に生まれてきたものには、美が宿り、芸術と同等の価値がある。』[1]

　さらに、民藝の要素として、次の９項目を挙げている[2]。これらによって、他との違いから民藝について理解しやすくなると思われる。

◇実用性：鑑賞のためにつくられたのでなく、実用性を供えるもの
◇無銘性：特別な作家ではなく、無名の職人によってつくられたもの
◇複数性：民衆の要求に応えるために、数多くつくられたもの
◇廉価性：誰もが買い求められる程に値段が安いもの
◇労働性：繰り返しの激しい労働によって得られる熟練した技術をともなう
　　　　　もの
◇地方性：それぞれの地域の暮らしに根ざした独自の色や形など、地方色が
　　　　　豊かである
◇分業性：数を多くつくるため、複数の人間による共同作業が必要である
◇伝統性：伝統という先人たちの技や知識の積み重ねによって守られている
◇他力性：個人の力というより、風土や自然の恵み、そして伝統の力など、
　　　　　目に見えない大きな力によって支えられているもの

　さらに、柳宗悦は「日本は手仕事の国」と呼んでいる。日本において民藝が創造される背景として、次のように説明する。

　『民藝品は世界各国に存在するが、中でも日本は、世界的に見ても独自な性格をおびた民藝品を数多くつくり出してきた。自然地理の条件から見ると、日本は南北に長い国土を持ち気候的にも寒い・暑いといった地域の差や変化が大きい。各地にさまざまな生活様式を生み出し、種類豊かな工芸品の素材を自然の中に育んできた。歴史的には、日本は江戸時代に長期に鎖国政策をとり、国内だけの交流となり、加えて、地方の各藩が競って自国の産業や文

化の育成に力を注いだ。』(3)

　このように、日本に固有の工芸文化が生まれ、各地に地方色豊かな民藝品が生まれたと捉えることができる。

日本民藝協会

　「民藝」に関する活動団体「日本民藝協会」は、民藝運動を振興する目的で1934年に設立され、現在青森から沖縄まで30の地域に民藝協会が組織されている。そして、「日本民藝館」が、1936年に東京都目黒区駒場に開設された。

民藝運動に共感する人々の広がり

　実際の民藝の活動の発祥と普及・発展を見ると、「協会」ありきではなく（団体の組織的な普及活動ということではなく）先駆者の地域のクラフトへの着眼とその編集により地域価値として高められたものであることが分かる。すなわち、その活動に共感する各地域のさまざまな人々の取り組みが、活動を広げ長年継続され、現在に至っている。

　例えば、盛岡（岩手）では、及川四郎が、農業関係の教科書の出版社から転身、民藝品を製造・販売する店舗「光原社」を開設した（1930年代〜）。松本（長野）では、紙問屋経営丸山太郎が民藝店（1947年）、民藝館（1962年）を設置し、また家具製造業を営む池田三四郎が、英国人バーナード・リーチの支援を受け地域の伝統の家具づくりを復興し、「松本民芸家具」として、和・洋の区分を超えた家具を生み出している。

　鳥取では、開業医の吉田璋也が、地元の手仕事の伝統をもとに、職人を指導し新作民藝運動を推進し、鳥取市内に「鳥取たくみ工芸店」（1932年）、「鳥取民藝美術館」（1949年）を開設した。さらに民藝のインテリア、民藝の器で料理を食す、民藝を体感できる「たくみ割烹」（1962年）を開設した。

　出雲（島根）では、多々納弘光・井上寿人・陰山千代吉・多々納良夫・中島空慧ら農家の次男・三男の５人が共同で「出西窯」を創設した（1947年）。そ

の当初で、河井貫次郎・濱田庄司の指導を受け、その後に制作を発展させた。近年は、窯を中心に物販・飲食から成る「出西くらしのVillage」を展開し（2017年）、地域のまちづくりにもつながっている。

　倉敷（岡山）においては、倉敷絹織（現クラレ）社長であった大原總一郎が、「地方にこそ民芸を根付かせたい」と倉敷民藝館を開館した（1948年）。先代（父）の大原孫三郎は柳宗悦と交流があり、日本民藝館の開館に貢献した。

　さらに、西条（愛媛）では、クラレ西条工場があり、大原總一郎が、伊予西条藩松平家の陣屋跡に愛媛民藝館（四国唯一の民藝館）を開設した（1967年）。

　ここ近年の動向として、「河井寛次郎展」（汐留：パナソニックミュージアム）、「濱田庄司展」（世田谷美術館）など民藝に関する催事が活発に開催され（2018年）、NHKテレビ番組でも「趣味どきっ　私の好きな民藝」（2018年）が放映され、改めて民藝が注目されている。

5（補）-2. 主な地域の民藝運動

盛岡における民藝運動

　及川四郎（1896-1974）は、農業教科書などの出版社を経営しており、盛岡高等農林学校（現在の岩手大学農学部）で学友だった宮沢賢治の『注文の多い料理店』（1924年）を発行していた。「光原社」とは宮沢賢治の命名という。

　農業書の出張販売の中で南部鉄器に着目し、材木町の現在地に移転した際（1937年）、敷地内に工房を構え、南部鉄器・漆器の製造販売に着手した。技術的には、名工：髙橋萬治、工芸家：吉川保正に相談したが、そのことが、民藝運動の提唱者である柳宗悦らと交流するきっかけとなった。その後、光原社が柳らの東北拠点のサロンにもなり、店舗では、全国各地の民藝品を販売するようになった（1940年〜）。また岩手ホームスパンの第一人者である及川全三や吉川らとともに、日本民藝協会岩手県支部を立ち上げた（1942年）。

　光原社の民藝に関する品揃え・販売は、本格的で、地元盛岡の南部鉄器をは

じめとする民藝や、全国の民藝、海外の民藝まで取り揃えられている。店舗裏手には喫茶やギャラリーが設けられ、空間も充実している[4]。

　さらに材木町通りを挟んで向かい側に別館（特に地元の盛岡で制作された民藝の品物を揃えた建物）が設けられた。光原社を起点に材木町通りには、民藝に関連する店舗が並ぶ。例えば、材木町の民藝関連拠点として、「盛岡ホームスパンハウス」が挙げられる。ホームスパンは、英国由来のクラフトの民藝である。2017年秋に開催された「盛岡ホームスパンの祭典」は、2日間で約1,500人の来場者を集め盛況であった。さらに2019年11月、ホームスパン工房7社＋門下生総勢17名の作家の合同販売会（後援：岩手県、盛岡市、岩手朝日テレビなど）が、岩手銀行「赤レンガ館」で開催されるなどの動きがある。

　盛岡の特徴の1つに民藝拠点の街への広がりがある。光原社のある材木町から同支店のある中心街（内丸）への民藝拠点の広がりが顕著で、具体的には、「北の光原社」（光原社支店）は、ファッション雑貨・海外民藝などを揃え「北ホテル」1階で営業。「北ホテル」は、民藝のインテリアで飲食や宿泊ができ、交流拠点にもなっている。このように内丸地区には民藝関係店舗やギャラリーが集積し、「民藝の街」を形成している。

　また、民藝の継承と育成も着々と進められている。盛岡地域の民間企業共同による発起で財団法人「盛岡地場産業振興センター」が設立され、盛岡市西部郊外に「盛岡手づくり村」が開設された。薫山工房や田中鋏工房のほか、岩谷堂たんす、藍染、郷土玩具など合計15の工房が、ここを拠点に生産活動を行っている。ここでは、その製作風景を間近に見たり、職人の話を聞いたりできる他、手作り体験ができる工房や文化的建造物「南部曲り家」も見学でき、岩手の特産物を一堂に集めたおみやげ館が展開されている。まさに民藝の産業振興、人材育成、観光拠点になっているとともに民藝による地域活性化にもなっている。

鳥取における民藝運動

　鳥取では、吉田璋也（開業医）（1898-1972）が、民藝運動に尽力した。彼は、地元の手仕事の伝統をもとに、職人を指導し新しくモダンなデザインの民芸品

を作らせ（新作民芸運動）、職人集団「鳥取民藝協団」も組織化した。

　まず「鳥取たくみ工芸店」（1932年）を開設し、職人から買い取った民芸品を販売した（職人に販路・チャネルを提供）。「鳥取民藝美術館」（1949年開設）では、吉田自らが集めた民藝の品を展示し、その美しさを伝えるとともに、職人に民藝の美の基準を伝授する意味も持たせた。さらに「たくみ割烹」（1962年開設）は、民藝の器で郷土料理を提供する店で、顧客に民藝の品の使い方、使い勝手を知らせるための装置にもなっている。

　鳥取民藝美術館・たくみ工芸店・たくみ割烹の３棟は、JR鳥取駅に近い場所に並んでいる。これら３棟の並びによって鳥取で民藝の「コーナー化」がなされ、街の活性化へと発展している。

　鳥取の地域資源として、民藝の素地は多い。江戸時代、32万石の大藩で城下周辺には陶窯（とうよう）が点在し、城下町には、木工、漆工、金工などの職人が居住していた（明治以降衰退したが、昭和初めまでは名残があった）。こうした素地があったからこそ、吉田璋也は、柳宗悦が唱えた「民藝の美」を日常に取り入れるため、鳥取で暮らしの工芸品をつくる新作民藝運動を起こした。

　鳥取における民藝の代表的な作品は、陶芸では、黒と緑の染色皿といった特徴があり、牛ノ戸焼、因州・中井窯、山根窯、浦富焼、福光焼、国造焼、岩井窯などがその事例である。また和紙–因州和紙、染織物–弓浜絣などがある。

　さらに、鳥取でも民藝人材の育成が確実に進められている。第一には、経済産業大臣指定伝統的工芸品が挙げられる。一般財団法人伝統的工芸品産業振興協会が「因州和紙」、「弓浜絣」、「出雲石灯ろう」の３品目14名を「伝統工芸士」として認定している。第二に、鳥取郷土工芸品が挙げられる。鳥取県知事により48品目が指定され、46名が「鳥取県伝統工芸士」として活躍している（2018年３月現在）。

　第二に、地域の百貨店の民藝関連の取り組みも盛んである。鳥取大丸は、「魅せる手仕事の技—鳥取の伝統工芸士展」（2018年３月、５階催場）を開催しており、それを見る機会があった。これは県内の民藝工房・窯のクリエーターが参加し、自ら作品を販売する催事である。消費者は民藝の作家と作品を知り、作家は、消費者と直に接することでそのニーズや評価を聞くことができ、相互に交流するものとなっている。

出雲における民藝運動

　島根県出雲市出西地域の農家の次男・三男の5人、多々納弘光・井上寿人・陰山千代吉・多々納良夫・中島空慧が共同で「出西窯」を創設した（1947年）。彼らは、郷土の土や釉薬の原料にこだわり、土づくりから一貫して工房内で生産した。それには、河井貫次郎・濱田庄司らの指導もあったという。開窯から現在まで共同体（研修生含む13名）で制作された。

　「家庭用の器を作っているから食卓の変化に合わせていかないと。今の生活文化に即しつつ、長年続くデザインをつくる」（出西窯代表：多々納真さん）との考えのもと運営されている。

　近年では、「出西くらしのVillage」と銘打ち、窯（工房）を中心に、物販（陶芸店および生活雑貨店）や飲食（ベーカリー・レストラン）から成る施設を設け展開している（2017年3月開業—飲食は2018年5月開業）。また出西窯では、若手陶芸家を協働で育成する取り組みを行っている。

倉敷における民藝運動

　倉敷では、大原孫三郎（1880-1943）が、盟友の画家である児島虎次郎の木工品制作および酒津焼の復興の遺志を引き継ぐ頃、濱田庄司作品展が倉敷で開催され（1931年）、これを機に、柳宗悦らの民藝運動に関心を持つことになった。その後、柳の日本民藝館の構想にも共鳴し建設費（10万円）を寄附したことで、日本民藝館は1936年開館となった。大原は、河井寛次郎・濱田庄司ら作製の茶碗での茶会も倉敷で開催し、また収集された民藝作品のコレクションは倉敷民藝館につながることとなった。

　さらに、孫三郎の長男の大原總一郎（1909-1968）も民藝運動に大きく寄与している。大原總一郎らによって岡山県民藝協会が設立され（1946年）、倉敷民藝館が建てられた。倉敷民藝館は、江戸時代に建てられた米倉を使い、1948年、日本民藝館に次ぎ2館目に開館した（美観地区での古民家再生の第1号）。地元岡山の民藝としては、倉敷ガラス、焼き物、備中和紙、倉敷段通、倉敷本染手

織物などを展示している（15,000点収蔵）。また、大原美術館には、河井寬次郎、バーナード・リーチ、濱田庄司、富本憲吉らの作品を展示する陶器館を開設した（1961年）。1963年には棟方志功および芹沢銈介の作品を展示する版画館と染色館を開設し、これら3館を現在「工芸館」と総称している。

倉敷美観地区に立地する倉敷国際ホテル（1963年竣工）には、その中央吹き抜けに棟方志功の木版画を展示するなど、幅広く民藝に関わり現在に至っている。

西条市における民藝運動

愛媛県西条市には、四国で唯一の民藝館が存在する。当時の日本民藝協会の会長（クラレ会長）であった大原總一郎の提唱で東予民藝協会が発足（1966年）、東予民藝館が開館することになった（1967年）（その後1977年に「愛媛民藝館」と改称）。

大原總一郎は倉敷絹織（クラレ）入社最初の赴任地が西条市であり、思い入れも深かったと言われる。建物は、倉敷国際ホテルなどを手掛けた建築家の浦辺鎮太郎が設計し、四国各地の陶磁器、木工品、漆器、竹を使った編み物、絣の織物など約2,000点を所収する四国で唯一の民藝館であった。初代館長には、民藝愛好家の文野千栄子が就任した。

長年クラレ退職者が愛媛民藝館を運営支援するなど文化活動を継続したが、現在はクラレの運営を離れ、公益財団法人愛媛民藝館が運営している。開館50年を経ても市民の間での民藝館、および民藝についての認知度は低く、実際に愛媛民藝館会員数は、設立当初500名強だったものが、2017年現在100名強に留まっている[5]。

愛媛民藝館と同じ浦辺鎮太郎によって設計された栄光教会では、敷地内の「牧師館」が、2018年11月移築整備リニューアルされた。これを機に建築家によって民藝調内装のしつらえとなったが、その日常的な運営では、そうした内装環境や同じくクラレ由来の民藝館の資源が活かされておらず、内部の公開や、地域コミュニティへの供用もなされていない。

5(補)-3. まとめ：民藝運動による地域活性化、その高まりに向けて

　民藝をテーマにする地域活性化は、盛岡、鳥取、出雲などで取り組まれ、近年になってその情報発信が活発に行われている。それに比べ、西条市の課題が明らかになった。西条市は、四国でただ1つの民藝館を持ち50年の歳月を経るものの、他の民藝都市のように地域住民から民藝運動の推進役が生まれず、民藝運動は広がっていない。西条市内には、いくつかの工芸ギャラリーや表具屋が存在するが、民藝店や民藝調インテリアの飲食店もなく、民藝という地域資源を活用した地域活性化はほとんど見られない状況である。これはクラレの課題ではなく、西条市の地域住民や行政の課題ということだろう。今後民藝をテーマにしたクリエイティブな文化活動（とりわけ西条特産の林産や紙などを活かしたクラフト創作など）が若い人材の覚醒や技術を持つ移住者の増加策などにより、地域から草の根的に民藝運動が高まり広まっていくことを期待したい。

（1）　NHKテキスト（2018）「趣味どきっ！　私の好きな民藝」pp.67-69。
（2）　日本民藝協会ウェブサイト（http://www.nihon-mingeikyoukai.jp/about/purpose/　2020年7月1日閲覧）。（原著）柳宗悦（1960）「民藝の意義」『民藝図鑑』宝文館。
（3）　日本民藝協会ウェブサイト（http://www.nihon-mingeikyoukai.jp/about/purpose　2020年7月1日閲覧）。
（4）　光原社は仙台でも営業展開を行っている。仙台市内中心街に路面店の支店および藤崎百貨店リビング館2階に「せんだーど光原社」を設け、都市部で顧客を集めている。
（5）　浅木功（2017）「これからの愛媛民藝館」『民藝』（2017年12月号）、780号、pp.6-7、日本民藝協会。

第Ⅲ部　西条で事業展開する四国地域有力企業の地域活性化の取り組み

第 **6** 章 四国電力

宮副謙司　*MIYAZOE Kenshi*

6-1. 企業概要[1]

　四国電力株式会社（以下、四国電力）は、火力、原子力、再生可能エネルギーである水力・太陽光で発電を行うとともに、電力の輸送・販売を四国地方中心に行う企業である[2]。

　四国電力は、1951年5月1日に四国配電と日本発送電が再編され、香川県高松市七番丁（現・番町1丁目）に資本金4億円で設立された。

　2019年3月現在、四国地域に63カ所の発電所を有し、出力合計は543万4千kWである。また209カ所の変電所を有し工場や家庭などに送電を行っている。従業員は4,489人、2018年度の売上高（連結）は7,372億円である。売上内訳は、電気事業6,408億円、情報通信事業429億円、建設・エンジニアリング事業507億円、エネルギー事業243億円となっている。なかでも電気事業が収益の87％を生み出している。

　四国電力は、四国の生活と産業インフラを支える重要なユーティリティ企業である。近年のSDGs（Sustainable Development Goals）への世論の関心からも、再生可能エネルギーの供給が増加する中、ピーク時にも電力を供給できる体制を、さらに四国地方外への電力販売を実現している。

　また、長年の経験により培われた技術・ノウハウ・ネットワークを活かし、海外事業にも着手しており、発電のみならずコンサルティング事業にも着手し

ている（9件の発電事業を含む53カ国103件の海外事業を行っている）。海外事業における発電量は2019年5月末時点で約71万kWを海外発電事業にて自社持分容量として確保しており、事業パートナーやプロジェクトに対する付加価値を提供し続けている。

6-2. 四国電力の地域活性化の取り組み

　本節では、企業が地域に向けて行う活動を①本業における対応、②関連事業の創造による対応、③文化・社会などへの貢献による対応の3つに分ける地域企業の地域活性化の分析フレームに沿って、四国電力の地域活性化の取り組みを整理する。

本業における対応

　四国電力にとっての「本業」とは「電気事業」の取り組みである。本業事業における四国電力の地域への取り組みとして、「低廉で安定した電力供給を基本とした、電力発電・輸送・販売事業」、および地域への「エネルギー教室」開催や「ヨンデンプラザ」開設での電気および電力事業のマーケティング活動が挙げられる。
　四国内の発電所は、伊方（原子力）、阿南・橘湾・西条・坂出（火力）、水力発電57カ所、松山太陽光発電所の合計63カ所がある（**図表6-1**）。

エネルギーのマーケティング活動

　電力事業のマーケティングにあたる活動として、電気あるいは電気の利用に関しての教育デモンストレーション活動である「出前エネルギー授業」と「ヨンデンプラザ」がある。

図表 6-1 ｜ 四国電力　主要事業場・設備（2019年 3 月31日現在）

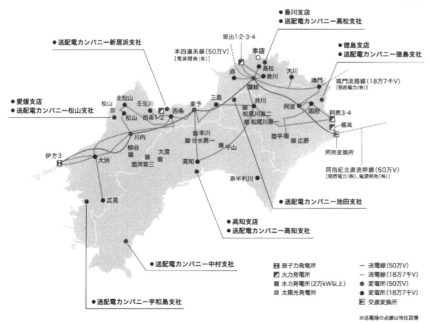

（出所）四国電力会社案内2019パンフレット

■出前エネルギー授業

　「出前エネルギー授業」は、四国電力の社員が自ら講師となって管内の各学校を訪問し、各教科や『総合的な学習の時間』等を活用して講義を行ったり、教員の授業の支援や実験器具の貸出などを行ったりすることにより、未来を担う子どもたちにエネルギーや地球環境問題への正しい理解を深めてもらうことを目的としている。2002年度から実施され、2018年度までの累計で19,272回も実施され、参加者は約29万3,000人になっている。

■ヨンデンプラザ

　四国電力では、地域の消費者に向け「ヨンデンプラザ」という名称で、IHクッキングヒーターや電気給湯器など電化生活の充実へ向けた生活提案型のショールームを高松・松山・徳島・高知・池田（徳島県）・中村（高知県）の合

計6拠点で展開している。

　具体的な情報発信メニューとして、高松サポートのヨンデンプラザの2019年1月の企画展開事例を挙げると、「IHでつくる料理講座」（高松市内レストラン・和食店の料理人による講師講座（4講座・有料）、スタッフ講座（6講座・無料）、女性向けカルチャー講座（2講座・有料））などがある。

関連事業の創造による対応

　四国電力および四国電力グループにおける地域向けの関連事業には、①情報通信事業、②ガス事業、③PFI[3]事業、④介護事業、⑤生活サポートサービス事業、⑥アグリビジネスなどがあり、このほかにも、⑦電柱を活用した情報配信サービスの実証実験、⑧オープンイノベーションプログラム「アクセラレータープログラム」などの取り組みも行っている。

　情報通信事業ではICT分野での事業を展開しており、株式会社STNetが行う①個人向け光通信サービス「Pikara（ピカラ）」、②低価格モバイルサービス「Fiimo（フィーモ）」、③データセンター・クラウド事業が挙げられる。

　ガス事業では、坂出LNG（Liquefied Natural Gas）基地を中核としたガス供給事業を持ち、四国内のガス会社への卸売り販売や大口顧客へのLNG販売を行い、販路拡大を目指している。また住友化学愛媛工場（新居浜市）内でのLNG基地事業への参画を通して天然ガスの普及・拡大と、地域の安定的、かつ効率的なエネルギー利用を推進している。

　公共施設の整備事業において、資金調達から設計・建設・施設の維持・管理・運営までを一括して請け負うPFI事業に取り組んでいる。

　また、介護事業として、株式会社よんでんライフケアが、介護付き有料老人ホームを松山市・高松市・高知市の3カ所で運営している。

生活サポートサービス事業

　四国電力では、コア事業である電気事業で培った提案力・技術力などを活かし、生活サポートビジネスへの参入、農業分野における新規事業の拡大を図る

など、新しい事業領域にも積極的に取り組んでいる。

■ベンリーよんでん

　株式会社ベンリーコーポレーション（愛知県清須市）とのフランチャイズ契約のもと、四国電力の新規事業として、地域の消費者の生活利便性向上につながる地域密着型の生活サポートサービス事業「ベンリーよんでん」を開始した。ハウスクリーニング・エアコンクリーニングや草刈り・枝切り等のサービス会社で、その第1号店は、高松市「栗林店」で2018年4月に開業した。2019年10月には2号店「高知駅北店」（高知県高知市）を開業、今後四国内主要都市への展開を視野に事業拡大している。

■農業分野における新規事業

　農業ビジネスについては、グループ各社が経営資源を活用しながら、農作物の生産や加工、研究開発などの各分野で事業参画している。具体的には、あぐりぽん株式会社がいちご（商品名「女峰」）の生産・販売、株式会社四電工がトマト「Midiful」の生産・販売、四国計測工業株式会社が低カリウムレタス「プレミアム低カリウムレタス」の生産・販売、四変テック株式会社がオリーブ生産組合と共同出資した株式会社誉のダイヤにてオリーブの加工・販売、伊方サービス株式会社がみかんの加工・販売（「みかんパウダー」）、四国総合研究所が栽培環境モニタリングシステム「ハッピイ・マインダー」や病害虫を予防する緑色LED「みどりきくぞう」の開発・販売などである。

■四国電力アクセラレータープログラム

　四国電力は、地域に寄り添いながら収益を生み出す事業として、オープンイノベーションプログラム「四国電力アクセラレーター」を2018年から展開している。これは、エネルギー事業に捉われることなく、まったく新しいビジネスをスタートアップ企業とともに創出することで、日々の暮らしや四国をはじめとする地域・社会に対する新たな価値やサービスの提供を目指している。

　2018年度の同プログラムでは蓄電池最適充放電制御サービスやEV・空調など制御技術の提供をする企業や、ハイエンド・ニッチなカメラソリューション

サービスの提供をする企業など4社へのアクセラレータープログラムを採択した。

文化・社会などへの貢献による対応

　四国電力が取り組む、文化・社会などへの貢献による対応としては、四国電力ではグループ全体のCSRに係る取り組み方針として以下のテーマ・行動憲章を制定し（2006年9月）、それに基づく社会貢献活動が挙げられる。

　テーマ:「地域と共に生き、地域と共に歩み、地域と共に栄える」[4]
　◇お客さまと共に
　　お客さまのご満足を第一に、社会に有用な商品およびサービスを、安全性に十分配慮して、誠実に提供いたします。特に電気の供給に当たっては、電気事業者としての社会的使命のもと、良質で安価な電気エネルギーを、安全かつ安定的にお届けします。
　◇株主・投資家の皆さまと共に
　　長期的かつ継続的な企業価値の向上を目指し、健全かつ透明な事業活動を行います。株主・投資家の皆さまに対し、積極的かつ正確な情報開示を行います。
　◇取引先の皆さまと共に
　　すべての取引先の皆さまが、対等の立場にある良きパートナーであることを認識し、公正にして自由な取引を行います。
　◇従業員と共に
　　個々の従業員の人格と個性を尊重します。安全で働きやすい職場環境を確保し、明朗にして自由闊達な企業風土をつくります。
　◇社会と共に
　　社会の一員として、地域社会の発展のために貢献します。政治・行政とは、健全かつ正常な関係を維持します。市民社会に脅威を与える反社会的勢力とは、断固として対決します。
　◇地球と共に

環境保全の重要性を認識し、全ての事業活動において環境負荷の抑制に努めます。

　具体的には前述の行動憲章・方針に従い、社員参加型の活動を基軸に置き、7種のCSRアクションプランとして、①電力の安定供給の遂行、②コンプライアンスの推進、③環境保全活動の推進、④開かれた経営の実践、⑤お客さま志向の徹底、⑥従業員活力の維持・向上、⑦地域共生活動の推進という考え方を持ち、取り組みを実施している。

　四国電力の地域へ向けた活動としては、①四国産業・技術振興センター、四国生産性本部などへの運営協力、②地域の産業振興ファンドへの協力、③「ヨンデンプラザ」の開設・運営・情報発信、④情報誌「ライト＆ライフ」の月刊発行、⑤公益財団法人「よんでん文化振興財団」、⑥歴史文化道事業、⑦よんでんグループふれあい月間、⑧従業員ボランティア休職・休暇制度、裁判員休暇制度、⑨社会的貢献に対する表彰などが挙げられる。

■広報誌「ライト＆ライフ」

　「ライト＆ライフ」では定期的な発行（毎月１日発行で年間12回発行）を通じて四国各地の地域資源を発掘しており、それらの情報を編集する能力には類を見ない特徴がある。

　1953年７月に「電力だより」として創刊し、その後月刊として2019年７月号で通算680号となり、地域の情報発信を継続している。例えば、西条市の祭り（綾延神社の秋祭り：2018年10月号掲載）や自然（禎瑞地区の芝桜：2018年４月号掲載）などを紹介している（**図表 6-2**）。

　それらの情報は地元の観光情報誌に載ることのないものも多く、地域資源の着眼とその取材力、編集力が高い。これは四国電力「ライト＆ライフ」編集部担当者[5]が、日頃から地域住民とのネットワークを築き、情報を得る能力と、それら情報をまとめ、適切に編集し、毎月オリジナリティあふれるものに創り上げ、発信する編集能力の高さを示すものである。このような一連の地域へのコミュニケーション活動は特徴的だといえる。

■公益財団法人「よんでん文化振興財団」

　四国電力は、公益財団法人よんでん文化振興財団（1991年設立）の活動を通じ、四国地域における芸術・文化の向上、豊かでゆとりのある地域社会の実現に貢献している。同財団では、芸術家を志す四国出身の学生への奨学援助をはじめ、四国にゆかりのある優れた芸術家に対する顕彰や、奨学生による「ふるさとコンサート」、「ふるさと美術展」の開催、演奏家の派遣などの事業を継続的に行っている。

　また、地域スポーツの振興に寄与するため、四国電力では四国内のサッカーJ2チーム、バスケットボールB2チーム、野球の四国アイランドリーグplusなどを応援している。

　「よんでんグループふれあい月間」では、毎年10月によんでんグループ各社並びに一般財団法人四国電気保安協会が協力し、四国各地でグループの特色を活かした電気設備の点検、清掃活動などの社会貢献活動や、施設見学会、サイエンス教室といった地域の顧客とのふれあい活動が主に行われている。

6-3. 西条市における地域活性化の取り組み（施策・活動）

本業としての発電所設置

　四国電力の愛媛県西条市地域における事例としては、まず火力発電所が西条市の臨海工業地帯に立地しており、四国管内の重要な発電拠点になっている（火力本部西条発電所）。具体的には、西条1号機（出力15万6千kW、1965年11月運転開始、燃料：石炭・木質バイオマス・重油）と西条2号機（出力25万kW、1970年6月運転開始、燃料：石炭・木質バイオマス・重油）の合計で40万6千kWを発電し、同社の火力発電出力の約11％を占めている。

　また四国電力は、西条市の営業拠点（東予営業所）には「ヨンデンプラザ」を設置していないものの、イベントスペース「クッキングスタジオ」が1階に設けられ、科学体験イベントやエネルギー教室や電化生活プロモーションなどが開催されている（**図表6-3**）[6]。

| **図表 6-3** | 四国電力東予営業所（西条市）の外観（2019年8月） |

関連事業による地域対応

　グループ会社の四電ビジネスが、シンコースポーツ四国株式会社と共同で西条市の椿温泉交流館の施設管理業務を西条市から受託し施設管理・運営を行っている。

　また四電工愛媛支店を代表とするグループが、西条市立小中学校・幼稚園空調設備整備PFI事業を担っている。

「ライト&ライフ」による地域資源の発掘、地域価値の伝達

　広報誌「ライト&ライフ」で、西条市の地域資源・地域価値が紹介されたのは、バックナンバーでわかる限りでこの17年間で17件である。表紙、特集の他で「まちの景観」や「ジャンピングふるさと」「歴史・民俗DESIGN」などのコーナーで記事掲載されている。

　◇表紙
　　「海苔場の朝」（西条市加茂川河口）（2008年12月号）、「雪原を行く」（西条市瓶ヶ森）（2012年1月号）、「禎瑞地区の芝桜」（2018年4月号）、「綾延神社の秋祭り」（2018年10月号）
　◇特集
　　「木になる秋の味覚─柿」（2003年10月号）、「石鎚山へ行こう」（2011年8月号）、「黒と紅のお茶」（石鎚黒茶：生活研究グループさつき会）、「新幹線の父・十河信二と四国新幹線構想の今」（2016年6月号）、「美しい旋律を生み出すルシアーの世界」（エム・シオザキ弦楽器工房：西条市壬生川）
　◇まちの景観
　　「うちぬき美術館─名水と伊予青石」（2002年9月号）、「西条市考古歴史館」（2003年1月号）、「大宮橋」（2008年3月号）、「四国鉄道文化館」（2010年2月号）

◇ジャンピングふるさと

　「カブトガニ保護の取り組み」（2003年8月号）、「石鎚ふれあいの里」（2004年6月号）、「NPO法人西条加茂蕎麦くらぶ」（2011年12月号）

◇歴史・民俗DESIGN

　「西条市のだんじり」（2012年10月号）

　西条市内の代表的な観光地である「石鎚山」や「鉄道歴史パークin SAIJO」だけでなく、四季折々で注目される自然資源や歴史・文化資源から、地域の人々のコミュニティ活動などにも着目し、記事として取り上げ発信されている。

6-4. 業界他社比較

　本節では、四国電力以外の電力事業会社として、「中国電力」、「九州電力」と2つの地域性の異なる同業他社に焦点を当て、地域活性化に関する事例を見る。

中国電力

　中国電力株式会社（以下、中国電力）では「地域で選ばれ、地域をこえて成長する企業グループ」経営ビジョンのもと、2018年時点での従業員数は13,485名、114の発電所を持つ。売上高は1兆3,149億円となっている。

　第一に、本業における地域への対応についてである。中国電力では、ビジョンの実現に向けて①エネルギーサービスの展開、②電源の競争力強化、③送配電ネットワークサービスの品質向上、④国内他地域・海外における収益基盤の確立、⑤地域社会との協働・共創、⑥収支・財務の改善、以上6つの行動計画を掲げている。同社は、再生可能エネルギーや蓄電池などの分散型電源の普及拡大が進んでいる現状にて、新しいビジネスとして将来、個人や企業間で電力取引が行われる可能性に備えて、取引記録の信頼性やシステム可用性等に優れるブロックチェーン技術を活用し、余剰電力の取引に関する実証試験を実施

ている。試験の内容は、余剰電力を供給する顧客と購入を希望する顧客をマッチングする、模擬的な電力取引である。これまでの余剰電力の取引の可用性や信頼性を高める先進的な事例であることがわかる。

第二に、関連事業の創造による対応である。関連事業の主な取り組みとして、「知財戦略の推進と知財交流事業の展開」を挙げる。この取り組みは、知的財産の活用を通じて、競争力の強化と企業価値の向上を図るとともに、地元企業等の製品開発や地域活性化に貢献する「知財交流事業」を展開している。

知財マッチングともいわれる同取り組みは、中国電力所有の特許を、地元をはじめとした各企業に活用してもらうことで、同社の研究・開発ニーズを広く発信するマーケティング効果も持ち合わせており、当該ニーズにマッチする技術シーズを持った企業を探索するオープン・イノベーションの取り組みにもなっている。

第三に、中国電力の貢献活動としては、①熊本地震復興支援事業、②エネルギー教育、③地元シンクタンクとの提携を通じた自治体との提携、④環境保全活動、⑤広報誌「碧い風」、⑥番組「そ～だったのかンパニー」、⑦公益財団法人中国電力技術研究財団、⑧エネルギア文化・スポーツ財団などがある。

熊本地震復興支援事業は2016年4月に発生した熊本地震からの早期復興に特許の活用を通じて貢献することを目的としたものである。ここでも知財マッチングを行い、地元企業へ特許技術の紹介を行うことで地域企業への支援、ひいては地域活性化を実現している。

広報誌「碧い風」では産業・経済に関する調査・研究や地域活性化の支援に向けたPR冊子として刊行されている。中国地域の再評価や活性化に寄与することを主な目的とした書籍の刊行や、中国地域の頑張る企業を紹介する番組「そ～だったのかンパニー」の制作・提供も行っている。

地域の技術研究の支援も中国電力技術研究財団を通じ、2017年度は36件、総額2,676万円の助成を行った。また、エネルギア文化・スポーツ財団を通じて、2017年度に183件、総額2,760万円の助成を行った。同財団では、中国地域出身者を対象に、美術・音楽・伝統文化・スポーツの4つの分野で優れた業績をあげた者に表彰を行っている。

九州電力

　九州電力株式会社（以下、九州電力）は福岡県に本店を置く電力会社である。「九州から未来を創る九電グループ〜豊かさと快適さで、お客様の一番に」経営ビジョンの下、2017年時点での従業員数は20,889人、196の発電所を持つ。売上高は1兆8,275億円となっている。

　まず、本業による対応に関しては、九州電力はビジョンの実現に向けて、①エネルギーサービス事業の進化、②持続可能なコミュニティの共創、③経営基盤の強化を掲げている。またこれらをESG（Environment・Social・Governance）への取り組みと題し、①においては再エネ・原子力の活用による非化石資源比率の向上や電化の推進などによる低炭素で持続可能な社会を実現すること、②においては新たな事業・サービスによる市場の創出を通じて、地域・社会が抱えるさまざまな課題の解決に貢献すること、③においては九州電力グループの成長を支える経営基盤を強化することをESGへの取り組みとして掲げている。

　第二に、九州電力の関連事業の主な取り組みとして、「ICTサービス」、「電力インフラツーリズム」や「こだわり九州いいものめぐり」などが挙げられる。

　同社では光ブロードバンド事業「BBIQ」、モバイルサービス事業「QTモバイル」やデータセンター事業、農業向けITセンサー事業「MIHARAS」などを通して、地域の企業・個人に向けてソリューションを提供することで九州地域内の地域創生に貢献している。

　また、「電力インフラツーリズム」においては、電力インフラを活用したインフラツーリズムを推進することで、交流人口拡大による九州の活性化、およびPRに貢献している。このほか、ドローンを活用し、空撮や点検・測量の分野におけるワンストップサービスを提供している。

　「こだわり九州いいものめぐり」では、九州各地の逸品を紹介し、地域物産の振興を後押ししているといえる。

　第三に、九州電力の文化・社会貢献の特徴的な取り組みとしては「観光振興イベント」や「こらぼらQでん」、「九電みらい財団」が挙げられる。

同社において九州全県での活性化に貢献することを目的に、各支社において、さまざまな地域活性化活動を検討・実施している。2019年3月には、長崎県島原市において、県内外の人に島原の魅力を知ってもらい、交流人口の拡大に寄与するため、自治体や他企業とも協働し地域活性化イベント「よかね長崎よかまちプロジェクトin島原」を開催した。イベントでは、島原城下で親子向けクイズラリーや九州交響楽団による演奏会、地元商品の販売会などを行い、多くの親子連れで賑わったという。

　また、福岡市東区の箱崎商店街において、インバウンドをはじめとした来訪者を増やし、賑わいを創出することを目的に、地域、商店街、専門家、当社社員で構成する「玉手箱プロジェクト」を立ち上げ、商店街活性化の取り組みを検討・企画した。この結果、2018年度は商店街に観光客を呼び込む仕掛けとして、地域の若手が、商店街にゲストハウスを開業し、宿泊客に商店街の紹介やフロントスペースでの各種イベントなどを実施するまでにつながった。

　地域課題解決活動「こらぼらQでん」においては、九州各地で開催されており、2018年度には「国博通り清掃活動」(福岡県太宰府市)、「岡城跡石垣清掃活動」(大分県竹田市)、「世界遺産：長崎と天草地方の潜伏キリシタン関連遺産清掃活動」(熊本県天草市)をはじめとして計25回の活動を行い、約6,500名が参加したイベントになっている。

　九電みらい財団では、環境保護活動、子供たちへの支援活動、子育て世帯への支援活動等を通して地域に貢献している。応募制を採っており、2018年度は130件の応募があり、選考委員会を経て22件の活動への助成を行った。

6-5. 四国電力の地域活性化の取り組みの評価

　四国電力の地域への取り組みは、CSR的な文化やスポーツ振興の財団や基金の運営など社会貢献も他社に比較しても分厚いが、独自性から特徴的に評価できる点は関連事業の開発・運営の面である。

地域の新規事業創造のリード役になっている

　第一に評価できることは、四国電力は、まさに四国の有力企業として豊富な経営資源を地域の新規事業創造に活かし、それを実現し運営していることである。具体的には、高度な技術が必要なICTや農業関連分野から、生活サービス産業の地域での不足を補うような生活寄りの生活便利業まで着々と実現させている。

広報誌「ライト＆ライフ」の地域マーケティング力：着眼と編集の能力の高さ

　日頃から構築されているネットワークに関していえば、「ライト＆ライフ」の強力な地域とのネットワークは、今後の経営に対して、大きな影響をもたらすものと考えられる。日頃から営業や設備の保守管理業務等で得られている地域の情報は、企業にとって重要な資産となる。例えば、防災に関していえば、地域住民のつながりの度合いや周辺の土地情報から、災害発生時にはある程度の対応策・今後すべき対応策を予測することも可能になるはずである。また、外部のビジネスとのマッチングも可能になるであろう。この地域にいながら俯瞰した視点から得られる情報を持つことができるリサーチ力は、他の四国企業と連携した事業の創出が可能になろうかと思う。また読者（顧客）からの感想やリアクションの意見をさらに集約する機能を高めて、それらを反映する活動も増やすと共感の好循環のマーケティングが醸成されるのではないだろうか。地域に関して理解があり、かつ企業として事業運営ができる体力を持つ企業である四国電力だからこそ長期視点に立って施策プランニングができるはずである。

6-6. 総括：四国電力の事例
—企業による地域活性化への示唆

地域根差した「虫の眼」と地域俯瞰する「鳥の眼」

　四国電力は、地域において公共性を持ち広く地域に根差した企業であるとともに、県や市町村の単位を超えた四国全体を俯瞰する（ある意味中立的な）立場を持つ。全国的な企業が外部から地域に進出・参入してきたような外から地域を観る立場とも違う。いわば、地域レベルの「虫の眼」と、四国レベルの「鳥の眼」を合わせ持つ企業である。そして、何より地域において経営力のある有力企業であり、地域価値の創造力とその価値の実現・推進力を持つ。同社広報誌「ライト＆ライフ」に見られる地域資源リサーチ能力、それらの地域価値への編集力、さらにその価値の伝達力はその具体的な顕在事例である。今後はさらに、このような企業特性を確実に活かした企業活動が期待されるのである。

新しい時代の新しいビジネスとしてのユーティリティ（公益的な有用性）を求めて

　四国には政令指定都市のような規模の大都市がなく、需要も地域に分散していることから、長期的視点を持つ施策プランニングをする必要がある。四国四県における人口流出を止めることは課題であるが、完全な解決は難しいだろう。そこで、四国地域に点在する産業資源（あるいは企業資源）や人的資源を、必要な地域や機会に結び付けつなげるような「マーケティング・コーディネーション能力」を備え、その能力を発揮することを目指すべきではないだろうか。中国電力の「知財マッチング事業」を参考にしながらそれを超えるような新たなビジネスを創造するような取り組みイメージである。四国電力には、これまで見てきたように、県を越えた四国の地域資源をつなぎ、四国各地に共通して有用な地域価値に編集するリソースと実行力を備えている。
　その方向、すなわち新しいソフト領域でも地域で唯一無二の企業で、リー

ダー企業と進化していくことが、四国電力が「ユーティリティ企業」ならではの、「ユーティリティ企業」でしかできないビジネスの方向性であろう。それが、新しいビジネス本業となり、地域活性化の取り組みであり、社会・環境のためSDGsの取り組みに自ずとつながっていくと考えられる。地域活性化を本業ビジネスに取り込むことで、おのずと地域活性化を達成しながらも、新たな収益源へと発展していく可能性がそこにはある。

（1）　取り組みの評価や今後の展開に関しては、筆者の考察に基づくものであり、当該企業の見解ではない。本章は、田丸裕弥（2020）「四国電力：地域活性化の取り組み」青山学院大学大学院国際マネジメント研究科ABSケースをもとに、宮副謙司が加筆修正して作成した。
（2）　2020年4月、四国電力は送配電事業を行う部門を「四国電力送配電株式会社」として分社し、四国地域における送電線・変電所・配電線の保守・管理業務を新会社に引き継いだ。本章は2020年3月時点での経営体制をもとに記述し考察している。
（3）　PFI（Private Finance Initiative：プライベート・ファイナンス・イニシアティブ）とは、公共施設等の建設、維持管理、運営等を民間の資金、経営能力および技術的能力を活用して行う手法である。民間の資金、経営能力、技術的能力を活用することにより、国や地方公共団体等が直接実施するよりも効率的かつ効果的に公共サービスを提供できる事業についてPFI手法で実施する。
（4）　四国電力株式会社『よんでんグループアニュアルレポート2018』。
（5）　「ライト＆ライフ」の編集体制は、四国電力広報部広報計画グループと四電ビジネスのメンバーで編集室を構成し、四国各地の複数のライター、およびカメラマンの取材をもとに編集・制作される。官公庁、自治体、図書館、教育関係、経済団体、自治会・婦人会、マスコミなどを重点配布先として発行されている。
（6）　四国電力は西条市内に西条発電所、東予営業所、送配電カンパニー西条事業所の拠点を展開している。

第 7 章 | **JR四国**

宮副謙司 *MIYAZOE Kenshi*

7-1. 企業概要[1]

　四国旅客鉄道株式会社（以下、JR四国）は、前身となる日本国有鉄道（通称、国鉄）が、1986年11月に成立した国鉄分割民営化関連法案により7社（四国・九州・西日本・東海・東日本・北海道および貨物）などに分割され、1987年4月1日に誕生した鉄道企業の1つである（本社は香川県高松市）。

　JR四国グループは、四国4県内および岡山県児島駅と四国を結ぶ瀬戸大橋線の路線での鉄道運輸に加え、1987年に国内旅行業営業を、1989年には高松・東京間の夜行高速バスを運行開始するなど、運輸事業を主軸とし、ホテル事業、不動産事業、物販・飲食事業、広告事業、建設・工事事業、情報サービス事業、レンタル・リース事業の8つの多様な事業から成る企業グループである。

　JR四国の2019年3月期連結売上高は498億円となっている。セグメント別では、運輸業にて301億円（全体の約45％）、建設業にて124億円（全体の約19％）、物品販売業にて82億円（全体の約12％）、ホテル業にて59億円（全体の約9％）、不動産業にて28億円（全体の約4％）、その他事業として72億円（全体の約11％）という売上構成になっている。また利益ベースでは、JR四国の連結営業利益で114億円の営業損失を計上している。

7-2. JR四国の地域活性化の取り組み

本業における対応

　JR四国にとっての「本業」とは、鉄道事業である。鉄道事業では、地域への誘客および交流人口の拡大、活発化を図るべく、地域一体となって観光列車の企画・運行が積極的に行われている（**図表7-1**）。

■アンパンマン列車
　日本で長年にわたって人気を博するアンパンマンの生みの親である、やなせたかし氏が高知県出身ということもあり、JR四国は2000年にアンパンマン列車の運転を開始した。

　これはJR九州などに見られる特別列車でなく、定期運行する特急列車にアンパンマンのイラストや、アンパンマンシートを用意するなど、アンパンマン仕様になった「車両」として導入されている点が特徴である。具体的には、①予讃線8000系アンパンマン列車：特急「しおかぜ」（松山─岡山）など１日６往復）、②予讃線 宇和海アンパンマン列車（松山─宇和島：１日４往復）、③土讃線アンパンマン列車：特急「南風」（高知─岡山）で１日２往復、「あしずり」（高知─中村・宿毛）で１日５本、④ゆうゆうアンパンマンカー：高徳線特急「うずしお」（高松─徳島）（１日１本）・徳島線特急「剣山」（徳島─阿波池田）（１日２往復）で運行されている。また「瀬戸大橋アンパンマントロッコ」（岡山─高松・琴平）が１日２往復運行されている（アンパンマン列車は全体で21車両）[2]。

　またアンパンマン関連商品として、「アンパンマン弁当」（高松駅・高知駅・松山駅など）や「アンパンマンのパン」が販売されている。さらに、アンパンマン列車は、海外観光客のインバウンド需要対応にも一役買っている。香港の旅行会社「EGL TOURS」によるアンパンマン列車を活用ツアーでは開始から２年半で乗車人数２万人を超える盛況となっている。

図表 7-1 JR四国の観光列車の運行地図

（出所）JR四国ウェブサイト（http://www.jr-shikoku.co.jp/01_trainbus/event_train/ 2020年11月8日入手）

■その他の観光列車

　観光列車として2014年7月から①「伊予灘ものがたり」の運行を開始したのをはじめ、②「四国まんなか千年ものがたり」（多度津―大歩危、2017年4月から）、③トロッコ列車「志国高知　幕末維新号」（高知―窪川）を運行した。さらに④2020年7月「志国土佐　時代（トキ）の夜明けのものがたり」、2020年10月

に「藍よしのがわトロッコ」を運行開始した。

　「伊予灘ものがたり」は、大洲編（松山―伊予大洲）・双海編（伊予大洲―松山）・八幡浜編（松山―八幡浜）・道後編（八幡浜―松山）として１日４便運行され、社員がデザインした特別仕様の車内で、地場産品を活かした食事や喫茶（2,500円～4,500円）を楽しむことができ、停車駅で地域住民が参画する観光のおもてなしイベントも開催され人気を博している。現在、運行開始５周年で10万人を超える乗客をもてなしている。

　また予土線限定の観光列車「予土線３兄弟」として、①しまんトロッコ（JR九州「ななつ星」列車をデザインした水戸岡鋭治氏がデザイン）、②海洋堂ホビートレインかっぱうようよ号、③鉄道ホビートレイン（初代新幹線０系をイメージした車両）が企画・運行されている。

　このように、JR四国の観光列車は、2020年10月現在、12本が運行され、運行本数だけでいえば、観光列車を先発して行っているJR九州の11本と同等の本数になっている。

■サイクルトレイン

　「サイクルトレイン」とは電車の中に自転車を持ち込むことができる取り組みである。

　予讃線「サイクルトレイン松山しまなみ号」（松山―今治）、「サイクルトレイン西条しまなみ号」（伊予西条―波止浜（今治市））、松山―宇和島間の一部特急で自転車を車両に積み込めるように仕様を工夫した車両を運行している。

　四国４県は１世帯当たりの自転車保有台数が全国平均を上回っており、三島（四国・九州・北海道）の中でいえば、四国が最も自転車保有比率が高い地域といえる。

　JR四国は駅間および電車の時間間隔が、都市部に比べて長いことだけでなく、日本初の海峡を横断できる自転車道として有名なしまなみ海道があることで、自転車に対するニーズが高いことからも、このサイクルトレインは、現在予讃線今治―松山間の「サイクルトレイン松山しまなみ号」と伊予西条―波止浜（今治市）間の「サイクルトレイン西条しまなみ号」として運行している。

　また、前述した事例のみならず、JR四国、愛媛県および高知県では予土線

利用を促進のため、混乗試験として宇和島—窪川駅間でも普通列車の車内に自転車をそのまま持ち込める取り組みを2013年から始め、現在まで7年近くにわたって行われている。

■地域との連携イベント

　JR四国の観光列車を乗り継いで四国各県を周遊する旅行ブランドとして「四福の物語」を販売する（2017年より）など、四国地域内についての独自の旅行企画を行っている。

　具体例として、JR四国の"鉄好"社員と国鉄型特急形気動車キハ185系を使用した日帰り旅行（コト企画）や男性満60歳以上、女性満55歳以上が入会できる「四国エンジョイクラブ」ではJR四国・土佐くろしお鉄道の割引を行う施策や、2010年から始まり3年に1回のアートの祭典「瀬戸内国際芸術祭」への協賛を行っている。

　観光列車「伊予灘ものがたり」と地域の取り組みとが連動したコト企画（松山駅：砥部焼絵付け体験、卯之町駅：明治の授業体験など）も活発に行っている。

■「四国家のお宝」

　四国の地域資源・文化資源を掘り起こし、地域と協同して付加価値付けされた素材に磨き上げ、観光による地域活性化を目指す取り組みである。実証ツアーを行っており、2019年7月現在までに16のお宝素材で42回のツアーを催行し、延べ850名以上が参加している[3]。

関連事業の創造による対応

　JR四国における地域向けの関連事業として、具体的には、地域産品の物販、飲食事業、駅ビル事業、ホテル事業がある。

■産直ステーション夢四国

　四国の特産品を取り扱うオンラインショップで、取扱商品は、果物・野菜、海産物、畜産物、うどん・麺、お惣菜、スイーツ・飲料、調味料、酒、雑貨・

他、多岐にわたっている。2018年豪雨災害の被災地支援事業として被災地の特産品も取り扱っている。

「ジパング倶楽部」というJR全社で行っている男性65歳、女性60歳以上であれば入会できる会員制の有料コミュニティの掲載商品も取り扱っている。

■飲食事業

JR四国の飲食事業には、主にベーカリーと讃岐うどんの2つの事業がある。ベーカリーは、全国チェーンの「リトルマーメイド」とフランチャイズ契約を結び、駅構内などを中心に店舗展開している。讃岐うどんでは「めりけんや」、「連絡船うどん」、「本場さぬきうどん 親父の製麺所」を香川県および四国県外の大阪、東京、神奈川などにも出店している。

■駅ビル事業

JR四国の主な駅ビルとしては、徳島駅「クレメントプラザ」（テナント数49店舗、売場面積8,900m²）（1988年開業）の1店舗に限られる。今後の計画として高松では、高松駅前用地に駅前のにぎわいを創出するための再開発計画を固め、本格的な駅ビル事業に着手することになっている。

■ホテル事業

JR四国の運営ホテルは、「JRホテルクレメント」というブランドで、高松、徳島、宇和島の3カ所、「JRクレメントイン」というブランドで高松、高知の2カ所の計5カ所にホテル事業を営んでいる。また総部屋数65部屋の愛媛県松山市にある「道後やや」、高知県四万十川の河口付近にて「四万十の宿」という30室の中小規模の宿泊施設も保有している。

さらに簡易宿所事業として「4S STAY（フォースステイ）」を2018年11月阿波池田駅前、2020年4月阿波池田本通りに開業している。

文化・社会などへの貢献による対応

JR四国が取り組む、文化・社会などへの貢献による対応としては、①マチ

カツプロジェクト、②四国内の高校・大学との産学連携などがある。

■マチカツプロジェクト

　JR四国のこの取り組みは、駅周辺のまちづくりを通した地域の活性化である。JR西日本和歌山線沿線の活性化プロジェクト「ワカカツ」が参考にされており、具体的には、各駅舎案内所の整備やトイレの設置等を行い、駅そのものが目的地になるまちづくりである。これはJR四国が主導となるのではなく、利用客が少なくなっている市区町村という地元と連携して改善していく取り組みと位置付けている。候補地の選定については、キヨスクの存続が困難になってしまった駅舎を中心とした無人化へ進む駅に焦点が当てられている。実際の事例としては、高知県佐川駅と愛媛県伊予大洲駅の2カ所の整備があり、現在さらに他の2駅で計画が進められている（2019年9月現在）。

◉－実例-1：佐川駅（高知県）

　高知県佐川町は、2017年3月に開幕した「志国高知 幕末維新博」の地域会場に指定され、多くの観光客の来町が見込まれたため、同駅舎内に無人観光案内所を新設した。施設完成後から現在まで佐川町によって管理され、観光案内拠点となっている。

◉－実例-2：伊予大洲駅（愛媛県）

　愛媛県伊予大洲駅では、駅を地域の玄関口として観光拠点化を強め、駅舎横に伊予大洲駅観光案内所・物販施設・公共トイレを新たに整備した（2019年4月）。大洲市地元の一般社団法人「キタ・マネジメント」が同施設を管理・運営している。そこでは、地域産品を感度よくセレクト（大洲市のふるさと納税返礼品制度と連動）、パンフレット「おおず—美味しいもの良いもの旅」を制作し情報発信（2019年7月）、またそれらの商品を駅前という観光客に利便な拠点に集積して販売する仕組みができている。

　また観光案内でも大洲の地域資源・地域価値に詳しくスタッフにより街歩き「おおず歴史華回廊」が企画され観光地図を制作して提供するとともに、一般の観光客のさまざまな問い合わせに対して、地元の産業・文化・交通・自然な

どに人的ネットワークも持つスタッフがきめ細かく対応している（2020年3月現地調査）。

■四国4国立大学などとの連携

　JR四国は、徳島大学、香川大学、愛媛大学、高知大学と2017年9月に四国の地域活性化を目的として、地域振興、観光振興、人材育成について連携協力する協定を締結した。具体的には、この協定に基づき、各大学の学生が地域資源を調査し、地域振興や観光振興の素材としての付加価値付けを行い、地域に人を呼ぶ観光プランを提案し、JR四国がそのプランを基に旅行商品を開発する活動となっている。2019年度は「地域観光チャレンジツアー」として8プランが商品化された。

7-3. 西条市における地域活性化の取り組み（施策・活動）

　観光プロモーションについては、「四国家のお宝」という枠組みの中で、西条市で有名な名水「うちぬき」をメインとした水にまつわる観光事業や、石鎚山を用いた観光プロモーションが提案されている。石鎚の水の恵み・豊かさを、四国の将来を担う子どもたちに伝える取り組みを行っている。

うちぬきをテーマとしたツアー開発

　西条市内には、広範囲に地下水の自噴井があり、これらを「うちぬき」と呼び、その数は約3,000本といわれている。人力により鉄棒を地面に打ち込み、その中へくり抜いた竹を入れ、自噴する水（地下水）を確保していたとされるこの工法によって、江戸時代の中頃から1940年代頃まで受け継がれてきたが、現在は異なる手段で取水されている。西条市の「うちぬき」は名水百選にも選ばれているが、一日の自噴量は約9万m^{3}に上り、四季を通じて温度変化の少ない水は生活用水、農業用水、工業用水に広く利用されている。

　JR四国は、このうちぬきと石鎚山の水資源を前面に押し出した、親子連れ

を対象にしたツアーを四国電力・日本郵便四国支社と連携して企画し、2018年、2019年と2年連続で実施しており、2019年は株式会社「ソラヤマいしづち」とも連携してツアーを行った。

伊予西条駅における特徴的な地域活性化対応

　伊予西条駅すぐ近くに「鉄道歴史パーク in SAIJO」があり、「四国鉄道文化館」（北館・南館）、「十河信二記念館」が設置されている。これらは、西条市保有の施設ではあるが、開設時よりJR四国が運営協力し、車両の提供やイベントなどを手掛けている。

　四国鉄道文化館北館内には、新幹線開業時に登場した初代0系新幹線と、主に四国で活躍し、準鉄道記念物に指定されている「DF50形ディーゼル機関車」1号機が展示されている。この機関車は、日本でただ1台、走行可能な状態で保存されており、隣接する予讃線から分岐された軌道が、四国鉄道文化館内に引き込まれている。両車とも運転台に腰を掛け、レバーやスイッチ類を操作できるため、子どもから大人まで運転手気分を味わうこともできる。また常設ではないが、「軌道自転車（レールスター）」を駐車場内に敷設してある本物のレールのうえで体験乗車することができる。

　四国鉄道文化館南館には旧西条市長かつ国鉄総裁を歴任した十河信二氏の雅号にちなんだ「春雷号」や強力な駆動エンジンと冷房電源エンジンを搭載した急行用気動車として登場した「キハ65形急行用気動車」や伊予西条駅を中心とした大型鉄道ジオラマなど、さまざまなJR四国に関連するものが展示されている（**図表7-2**）。

　年間の来館者数は、平均5万人で、2018年には累計来館者数50万人を超えた西条市の観光拠点の1つとなっている。

四国鉄道文化館（北館・南館）、十河信二記念館などで構成される（西条市：JR伊予西条駅隣接）

7-4. 業界他社比較

　本節では、JR四国以外のJR系鉄道会社として、「JR九州」、「JR北海道」という地域の異なる同業他社に焦点を当て、地域活性化に関する事例を見る。

JR九州

　九州旅客鉄道株式会社（以下、JR九州）では「安全とサービスを基盤として九州、日本、そしてアジアの元気をつくる企業グループ」というJR九州グループのあるべき姿と提示した。また、従業員一人ひとりが常に立ち返るべき拠り所として大切にしてきたことが、「誠実」、「成長と進化」、「地域を元気に」という3つの「おこない」である。この3つを軸に3点の重点戦略と4つの柱を掲げている。

　まず、本業における対応では、観光列車が挙げられよう。「D&S（デザイン＆ストーリー）列車」を押し出した地域一体で取り組む観光列車はJR九州の中

で特に有名だと言える。JR九州が先駆けとなり、1988年に最初の観光列車「ア
クアエクスプレス」の運行（博多―西戸崎間）を始めた。現在では、稼働して
いる中で最も古い「ゆふいんの森」をはじめとして、「或る列車」、「A列車で
行こう」、「SL人吉」、「かわせみ やませみ」、「あそぼーい！」、「九州横断特急」、
「いさぶろう・しんぺい」、「はやとの風」、「指宿のたまて箱」、「海幸山幸」の
計11本が運航している。

　2013年には、日本初のクルーズトレイン「ななつ星 in 九州」運行を開始し
た。7両編成の1両目と7両目は車窓になっており、内装と食事に関しては地
元九州の職人・料理人によって非日常的でリラックスできる空間を提供してく
れる。沿線の地域住民がななつ星列車に向かって手を振る姿も各所で見られ、
地域からも愛される列車となっている。

　次に、関連事業の創造による対応として、JR九州は、関連事業として、「運
輸サービスグループ」、「駅ビル・不動産グループ」、「流通・外食グループ」、
「建設グループ」、「その他グループ」の5つの事業を推進している。そのよう
な鉄道収入以外の売上が6割を占めている（2018年度）。

　駅ビル・商業ビルでは、1998年に建設した大規模駅ビル「アミュプラザ小
倉」をはじめとする駅ビル開発を「まちづくり」として捉え、各地で開発を
行っている。主な駅ビル・オフィスビルとしては、JR博多シティ、アミュプ
ラザ小倉、アミュプラザ長崎、JRおおいたシティ、アミュプラザ鹿児島、
JRJP博多ビルの計6店舗、小規模駅ビルとして福工大駅前ビルと筑前前原駅
ビルの2店舗を運営している。また「えきマチ1丁目」というブランド名で17
カ所、「肥後よかモン市場」が1カ所、「六本松421」が1店舗の計19の商業ビ
ルを展開している。

　また主な飲食事業では、居酒屋事業「うまや」、「驛亭」、麺事業では駅構内
での展開を、専門店事業「うどん居酒屋 粋」、「SUI de vin」など全国で80店
舗以上を展開している。

　ホテル事業は、JR九州のホテル事業は、「JR九州ホテル」として9拠点、
「THE BLOSSOM」として2拠点、リゾートホテルとしてJRホテル屋久島、
旅館として「花べっぷ」1拠点の計13拠点、全体で72億円の事業規模である
（2018年3月期）。2014年に東京都内初進出した「JR九州ホテル ブラッサム新

宿」がミシュランガイド2017ホテル部門で３年連続２パビリオン（２つ星）を獲得している。

第三に、IR九州の地域・文化・社会貢献活動としては、「JR九州ウォーキング」など駅を基点とした地域のコミュニティ活動と企業病院の地域への対応などが特徴的である。

「JR九州ウォーキング」は、駅を起点とした散策コースを企画し、訪れた参加者にウォーキングを楽しんでもらうイベントであり、JR九州グループが地域住民と連携しながらコースや特典などの設定を行っている。開始は1996年で20周年を迎えた2016年には累計参加者が150万人を超えた。

JR九州では、がん治療を中心とした急性期主体のケアミックス病院として、JR九州病院（福岡県北九州市）を前身となる門司鉄道病院として1917年から運営している。そこでは、最新の医療機器やオーダリングシステム、電子カルテなどを導入しており、充実した医療環境の中で安全で良質な医療サービスの提供を行い、安心して暮らせる地域づくりに貢献している。

JR北海道

北海道旅客鉄道株式会社（以下、JR北海道）は、経営状態が苦しい中にありながら、地域社会との繋がりの強化と地域課題に対して、実直に活性化に対して取り組んでいる。

第一に、本業による対応では、観光列車が挙げられる。ただJR北海道の手掛ける観光列車には他社と大きく異なり、鉄道業者４社の提携による取り組みということである。すなわち、2019年２月JR東日本、東急電鉄、JR貨物、そしてJR北海道の４社が北海道胆振東部地震の観光振興と地域活性を目的とした走行プロジェクトを立案し、コンテンツとして、JR東日本の「びゅうコースター風っこ」と東急電鉄の「THE ROYAL EXPRESS」２つの観光列車の開発がスタートした。

また、北海道鉄道活性化協議会が、特徴的な事項であろう。この団体は、北海道の持続的な鉄道網の確立に向け、道民が一丸となって利用促進をはじめ、さまざまな行動を展開するとともに、JR北海道が置かれている赤字という厳

しい現状を全国に広く発信し、関係者と共有することで、JR北海道に対する応援機運を醸成することなどを目的としている。会長を北海道知事に据え、2018年12月に、全道15団体により設立された。活動としては、①道民自らが乗る、②道外・海外から利用者を呼び込む、③鉄道の維持や魅力向上のため行動するという3つの観点で取り組みが始まった。

第二に、関連事業の創造による対応についてである。JR北海道が手掛けている事業の中で、JR九州と同様に運輸事業の収入が4割ほどで、そのほか駅ビルやホテル事業等他事業が売上全体の60％弱を占めている。駅ビルでは、JR札幌駅の施設が最大である。JR札幌駅は東西の長さが360mにも及ぶ巨大な駅ビル「ステラプレイス」と高さ173mを誇る「JRタワー」（ホテル）と駅下施設「アピア」、「パセオ」と旧札幌そごうの「エスタ」といった4つの商業施設からなっている。売上高は現在1,000億円に近付いており、ショッピングセンターの売上としては全国トップクラスである。JRタワーでは「そらのコンサート」という展望室の入場料金を支払えば観賞できる音楽イベントが定期的に行われており、2019年9月現在で393回もの講演が行われている。

また2018年11月に新駅舎を開業した苗穂駅（札幌市）では、分譲マンションの開発、我汝会さっぽろ病院、商業施設の他サービス付き高齢者住宅の建設を予定としており、事業費52億円をかけて本格的な都市開発が行われている。

ホテル事業は、シティホテルでは「JRタワーホテル日航札幌」と「ホテル日航ノースランド帯広」の2館があり、株式会社オークラ ニッコー ホテルマネジメントと連携し、「ホテル日航」のブランドで運営している。そしてシティホテルだけでなく、宿泊特化型ホテルも保有しており、JRイン札幌駅南口、JRイン札幌、JRイン帯広、JRイン旭川の4館体制となっているが、2020年には函館や札幌北2条が開業予定となっている。

地域産品物販については、JR北海道キヨスク株式会社が、北海道の地域産品をリアル店舗「北海道四季彩館」、ネットやカタログ通販「北の特急便」で販売している。店舗業態の「北海道四季彩館」は、北海道内の主要土産メーカーをはじめ、各地域に根ざした商品も取り扱っている。JR北海道の持つ地域ネットワークにより、北海道の魅力ある商品での豊富な品揃えを実現し、ビジネス・旅行から地元のお客様まで幅広く対応している。店舗は、札幌西店・

札幌東店・札幌北店、小樽店、JR函館店、旭川西店、釧路店、帯広店、東室蘭店、北見店の合計10店舗を展開している。

また「北の特急便」では北海道特産品館とJR北海道グッズ館という商品編集があり、北海道特産品館は、農産品、水産品、畜産品、加工品、菓子、スイーツ、酒類、キャラクターグッズ、飲料そして先述した北海道色彩館のセレクションといった商品を取り扱っている。JR北海道グッズ館では、サボと呼ばれる方向幕や駅名標、エンブレム、北海道新幹線グッズ、記念品やKitacaグッズなどJR北海道オリジナルグッズを販売している。このような商品群は、JR東日本とも連携し、JR東日本の新幹線の座席ポケットにもカタログを差し込み積極的な営業を展開している。

第三に、文化・社会貢献による対応では、次のような取り組みがある。まず、「札幌鉄道少年団」は、全国に48団体ある鉄道少年団の東京に次ぐ2番目に古く結成された札幌鉄道少年団は、車内でのアナウンスや車内実践のみならず、踏切事故防止キャンペーン時のドライバーや歩行者へのマナー周知、鉄道施設での清掃などの奉仕活動やキャンプなど、さまざまなレクリエーションを行っている。このような活動を通して、子どもたちは主体性やさまざまな能力を醸成することができ、地元の人材育成にも資するものと考えられる。

7-5. JR四国の地域活性化の取り組みの評価

現在JR四国で提供されている観光列車、その他関連事業のほとんどがJR各社で共通で取り組まれていることといってよい。取り組み項目としては共通ではあるが、その展開内容ではJR四国独自の特徴が見られる部分もある。具体的には、JR四国の飲食・駅ビル・ホテルなど関連事業の全体売上に占める比率（多角化比率）は高くなく、JR四国は、本業（鉄道事業）の依存度が高いのが特徴である。四国地域は人口100万人を超えるような大都市がなく地域需要にも限りがあるという市場環境が、関連事業が育ちにくい要因・背景として挙げられる。

また、地域産品の観光客や他地域への物販についても、JR四国は、他社の

ような地域産品を取り扱うリアル店舗は保有しておらず、オンライン販売で
行っているのも、こうした四国地域の経済状況・市場環境によるものであろう
と考察される。

7-6. 総括：JR四国の事例 ―企業による地域活性化への示唆

地域外企業との連携によるリソースの活用と情報発信の強化

　JR四国は、四国電力や日本郵便四国支社といった四国内企業での連携はす
でに行っているが、今後はさらに四国外部企業との連携が重要ではないかと考
える。例えば、JR北海道は前述のとおり、同業他社であるJR東日本および東
急電鉄より観光列車を借り受け、自身の路線で走らせるような取り組みを決め
ているし、JR九州も全日本空輸と連携して九州観光振興を進めていくといっ
た同業種他業種に捉われず、地域外部との連携が進んでいる。
　また四国の地場産品の物販チャネルとしても東京・大阪の鉄道会社との連携
が重要となろう。JR北海道の「北の特急便」は、JR東日本と連携し新幹線の
座席ポケットにもカタログを差し込み積極的に営業している事例などが参考に
なる。

地域住民・団体および行政の協力・巻き込み

　地元住民に受入れられるかどうかも重要である。JR四国の観光列車「伊予
灘ものがたり」運行に連携した駅周辺での地域住民の観光イベントでのおもて
なしや、地場農園や工房での体験企画など継続的、かつ定期的にイベントを
行っていくためには、地元住民の協力が不可欠である。

（1）　取り組みの評価や今後の展開に関しては、筆者の考察に基づくものであり、当該企業

の見解ではない。本章は、山中永圭（2020）「JR四国：地域活性化の取り組み」青山学院大学大学院国際マネジメント研究科ABSケースをもとに、宮副謙司が加筆修正して作成した。

（2）　2019年8月26日に執筆者がJR四国へのヒアリング結果および、同年9月30日時点での同社ウェブサイトを基にした運行情報となる。

（3）　「お宝」の定義として、「本物性」他では見られない、固有の価値がある、「物語性」知識がなくても惹きつけられる、「持続性」価値の保存が地域の枠組みの中で可能性を挙げている。

第 8 章　伊予銀行

宮副謙司　*MIYAZOE Kenshi*

8-1. 企業概要[1]

　株式会社伊予銀行（以下、伊予銀行）は愛媛県松山市に本店を置く地方銀行である。伊予銀行の預金残高（2020年3月末現在）は5.7兆円、貸出金残高は4.7兆円と、地方銀行として四国で最も規模が大きく、全国でも上位に位置している。預金等・貸出金ともに23年連続で増加している（2020年3月末時点）。

　伊予銀行は、愛媛県をはじめとする四国地方はもとより、東京・名古屋・大阪から福岡など、本支店143・出張所7・駐在員事務所2、合計152の拠点を展開している。拠点の展開でも地方銀行で最も広範な店舗網を構築している（**図表8-1**）。従業員数は2,981人である（2019年度末現在）。

　伊予銀行の創業は1878年と歴史が古く、これまで四国で初となる「電子計算機（コンピューター）の導入」（1968年）や、「CD（現金自動支払機）の設置」（1973年）など先進的な活動を行い、140年以上もの間、愛媛県の経済発展に貢献してきた。しかし、近年では全国各地域同様に、伊予銀行が事業展開する愛媛県地域、四国地域でも人口減少や経営者の高齢化など、地方を取り巻く環境が厳しくなっている。そうした地域経済環境において、地方銀行がどのような地域活性化を行っているか、他地域の地方銀行の取り組みとの比較も含め、伊予銀行の取り組みの特徴を明らかにすることを本章の目的とする。

図表 8-1 | 伊予銀行 本支店の店舗網

主な県外店舗の出店時期
1909 臼杵（大分県）、1919 仁方（現：呉 広島県）
1947 高松（香川県）・高知・大分、1950 広島
1952 大阪、1954 東京、1958 徳島、
1963 北九州（福岡県）、1964 岡山、
1965 名古屋（愛知県）、1966 神戸（兵庫県）
1971 福岡、1979 徳山（山口県）

店舗数
国内148か店
海外1か店

中国地区 9か店

兵庫県

岡山県

広島県

大阪府

山口県

香川県

愛媛県内 116か店

徳島県

近畿地区 5か店

福岡県

高知県

大分県

九州地区 8か店

愛媛県以外の四国地区 7か店

東海地区 1か店
東京地区 2か店

海外 1か店
駐在員事務所 2か所

瀬戸内海周辺では11府県

（出所）伊予銀行「2019年度決算説明会」参考資料編（2020年 3 月31日現在）
https://www.iyobank.co.jp/about/pdf/iyobank_2019_sankou.pdf

8-2. 伊予銀行の地域活性化の取り組み

　本節では、企業が地域に向けて行う活動を①本業における対応、②関連事業の創造による対応、③文化・社会などへの貢献による対応の 3 つに分ける地域企業の地域活性化の分析フレームに沿って、伊予銀行の地域活性化の取り組みを整理する。

本業における対応

　伊予銀行にとっての「本業」とは「資金調達、預金に関わる業務」である。その観点で、まず伊予銀行は、愛媛県に116店舗を展開（ATM216拠点設置）している。融資先企業の産業分野を見ると、2018年の法人向け貸出金の構成比率

は「運輸業・郵便業（16.1％）」が最も高く、次いで「製造業（14.5％）」、「卸売業・小売業（11.1％）」となっている（その他除く）。愛媛県の産業別売上金額は「製造業」がトップであり、次いで「卸売業・小売業」、「医療・福祉」となっている（2015年度数値）ので、運輸業以外は、愛媛県の産業構造に比較的似た構成となっている。また、貸出金の13％が国際業務向けとなっており、取引先企業の海外進出支援も行っている。

　伊予銀行の特徴的な地域への本業対応として、①四国アライアンスを核とした事業展開、②クラウドファンディング企業と提携した資金調達支援の2点に着目する。

■四国アライアンス

　伊予銀行は、四国地域の地方銀行である阿波銀行（本店：徳島市）、百十四銀行（本店：高松市）、四国銀行（本店：高知市）の3行と「四国アライアンス」を2016年に締結し、4行がそれぞれの営業基盤やブランドを活かし、四国創生に向けて「興す」、「活かす」、「繋げる」、「育む」の4つに、これらを支える「協働する」を加えた5つのテーマで取り組んでいる。この取り組みは、事業の効率化の他にも、地域活性化を県単位ではなく四国全体での視点で捉える意味合いもあると考えている。

■クラウドファンディング企業と提携した資金調達支援

　銀行の融資は一般的に企業の過去の財務情報をもとに貸付けを行っている。このため、事業年数の浅いベンチャー企業等は信用情報が少ないことから、銀行はこれらの企業への融資は消極的であった。しかし、近年では既存企業数の減少や低金利といった事業環境の厳しさから、ベンチャー企業や起業支援に取り組み始めている銀行も多い。

　実際に同行においても、クラウドファンディングサービスを展開する株式会社マクアケ、READYFOR株式会社とともに、2018年に資金調達に関する業務提携を締結した。同企業の提供するクラウドファンディングサービスで目標金額を達成した法人・個人に対して、提携先に支払う成約手数料の一部を同行が補助する形で起業支援を実施している。

このように同行が起業創出に乗り出すことで、愛媛県経済の発展ならびに新陳代謝を促す役割を担っている。同行では、これまでに35件のプロジェクトを実施し、29件のプロジェクトが目標金額を達成している（2020年3月現在）。

具体的な取り組み事例としては、愛媛県内にある陶石採掘業を運営する企業が、新たに砥石商品を開発し、同プロジェクトに参画した例が挙げられる。当初の目標金額は50万円だったが、約2カ月の募集期間で333名の投資家がこのプロジェクトを支援し、最終的には214万円の資金を調達できた（目標比4.28倍）。

このように同行では、既存企業に対して、資金調達やテストマーケティングという場を提供している。

関連事業の創造による対応

伊予銀行における地域向けの関連事業とは、地域企業の事業支援や新たな起業の促進と捉えることとする。具体的には、①「地域クラウド交流会」の開催、②「いよぎんみらい起業塾」の実施、③「ものづくり支援チーム」の活用、④地域経済研究所（地域経済専門シンクタンク）の保有、⑤大洲まちづくりファンド有限責任事業組合の設置、⑥地域商社の開設などが挙げられる。

■地域クラウド交流会

地域クラウド交流会とは、サイボウズ株式会社のノウハウを活かし、「地元起業家と地域とのつながりを生み出す創業支援の場」を提供する活動である（2017年2月から開始された）。この活動は、愛媛県出身でサイボウズ株式会社の代表取締役社長：青野慶久氏の「地域発の創業を支援したい」という思いと、伊予銀行の「起業や経営セミナー分野で新たな裾野を広げたい」という思いが合わさって実現した。

これまでに松山市をはじめ県内で計9回開催しており、延べ1,064名の参加実績がある（2019年11月時点）。2019年7月には西条市でも開催され、89名の参加があった。

■いよぎんみらい起業塾

　「いよぎんみらい起業塾」の活動は、①創業に関するセミナー、②ビジネスプランの発表、③助成金申請や資金調達の支援、④事業運営に関わる取引先とのマッチング支援等から成り立っている。実際に起業を行う際は上記の活動を起業家が行わなければならないが、これらを同行がサポートすることで経営者の負担を緩和し、起業の促進支援を行っている。

■ものづくり支援チーム

　伊予銀行は大手家電メーカーなど各分野で勤務経験のある人材を行員として受け入れ、専門チームを編成している。彼らの持つ専門的な知見を活かし、販路拡大や補助金申請など取引先企業の抱える経営課題を解決するコンサルティング業務を行っている。産業分野の中でも製造業は愛媛県の主要産業であるが、一方で県内の製造業者数は年々減少している。このような産業課題に向けて、同チームの果たす役割は大きいと考える。

■大洲まちづくりファンド有限責任事業組合

　伊予銀行は、一般財団法人民間都市開発推進機構との共同出資により、マネジメント型まちづくりファンド「大洲まちづくりファンド有限責任事業組合」を設立した（2020年2月）。このファンドは、大洲市で町家・古民家等をリノベーションにより活用し、宿泊施設や飲食施設、物販施設等を整備・運営する事業を対象に投資を行うもので、事業のサポートを通じて、地域経済の活性化への取り組みを支援する。対象は、①大洲市観光まちづくり町家活用エリア基本計画における町家活用エリア、②JR 伊予大洲駅から肱南地区への歩行動線となる商店街を中心としたエリア、③JR 新谷駅周辺を中心とした古民家が現存するエリアで展開される。このようなファンドの設立は、四国の金融機関では初めてで、組成金額2億円は過去最大である。

■地域商社「Shikokuブランド株式会社」

　伊予銀行は、阿波銀行（徳島）、百十四銀行（香川）および四国銀行（高知）と4行の共同出資により、地域商社「Shikokuブランド株式会社」を2020年4

月に設立した（資本金1億円）。これは銀行の出資規制が緩和された「銀行業高度化等会社」(2)に該当する取り組みで、4行が連携する「四国アライアンス」の活動の1つでもある。本拠地は高松市丸亀町に置くが、四国各地の地域産品のブランド化、拡販を進めていく計画である。

文化・社会などへの貢献による対応

　伊予銀行が取り組む、文化・社会などへの貢献による対応としては、①サイクリング動画を制作しYouTubeで配信、②ミュージアム88カードラリー in 四国の開催、③障がい者雇用を後押しする子会社として株式会社「いよぎんchallenge & smile」の設立、④「いやしの南予泊運動」の実施（「えひめいやしの南予博2016」の支援）、⑤株主優待券の特典を地元品に選定、⑥支店地域の観光素材や地域特性を活かした店舗施設の設計などが挙げられる。本項では、「YouTube上でのサイクリング動画の配信」に着目して記述する。

■サイクリング動画制作とYouTube配信
　愛媛県は「自転車新文化」を提唱しており、瀬戸内しまなみ海道などの地域資源を活用することで、県全体でサイクリングパラダイスを目指す「愛媛マルゴト自転車道」を推進している。
　伊予銀行でもサイクリングの魅力を県内外へ発信すべく、「しまなみ海道編」、「松野町・四万十川編」、「佐田岬半島編」、「東予編」、「西伊予編」、「南伊予編」、「瀬戸内・松山編」の計7プログラムを、約4〜5分程度（しまなみ海道編のみ10分）の動画として編集している。特に「しまなみ海道編」は評判がよく、マスコミの資料映像としての貸し出し依頼も続いている。
　さらに、英語版と中国語版の動画も用意することで、海外からの訪日旅行者へのPR発信も積極的に行っている。一見、同行とは関係の無い取り組みのように思えるかもしれないが、愛媛県の観光客が増えることで、同行と取引のある宿泊業者や飲食店業者の売上増加に繋がる。つまり、同行が観光PRに注力することは地域経済の活性化、および地元企業の資金需要を高めることができるということである(3)。

地域の環境対応として、①伊予銀行エバーグリーンの森（植林活動）、②伊予銀行環境基金「エバーグリーン」（環境保全活動の助成金の贈呈）などがある。

また社会対応として、①伊予銀行社会福祉基金、②伊予銀行地域文化活動助成制度、③伊予銀行合唱団、④いよぎんきっずらんど、⑤若手経営者育成セミナーの開催、⑥いよぎん金融教育教室の開催、⑦子供向けのスポーツ教室の開催、⑧地元行事に行員がボランティアとして参加、⑨高校生・大学生対象の地域活性化アイデアソン、⑩愛媛大学に対して寄付講座を開講、⑪いよぎんビジネスプランコンテストの開催、⑫女性起業家セミナーなどが行われている。

8-3. 西条市における地域活性化の取り組み（施策・活動）

西条市における事例としては、①関連対応として「地域クラウド交流会の開催」、②地域貢献対応として支店店舗での「西条の水資源」を活かした環境演出が挙げられる。

地域クラウド交流会の西条市での開催

地域クラウド交流会が2019年7月に西条市で初めて開催された。参加費は1,000円と有料であるにもかかわらず、当日は89名が参加した。優勝は地元の農業高校の女子高校生チームで、西条市のパパイヤとジビエを使用した料理を提案した。「自然とどう生きていくのか」、「地域資源をいかに活かしていくのか」という持続的な農業を実現するというSDGs的意義も含まれており、地域住民によって評価された。

西条市の水資源の活用

西条市は「美しい水」が地域資源として有名であり、西条市の「うちぬき水」は日本名水百選にも選ばれた名峰・石鎚山の伏流水である。同行の西条支店や西条大町支店の店舗前広場には水場があり、同市が水で有名であることを

（出所）筆者撮影（2019年 8 月）

感じさせる店舗環境演出となっている（**図表 8-2**）。

　その他の活動としては、西条支店行員のエバーグリーンの森（植林）活動や介護施設の餅づくりイベントへの参画、イベント時の駐車場の空きスペース提供など地域へ向けた活動を積極的に行っている。

8-4. 業界他社比較

　本節では、愛媛県内を中心に事業を行っている「愛媛銀行」、そして県外の地方銀行として「十八銀行」に焦点を当て、地域活性化に関する事例を見る。

愛媛銀行

　株式会社愛媛銀行（以下、愛媛銀行）は愛媛県松山市に本店を置く地方銀行である。2018年時点での従業員数は1,383人、愛媛県内を中心に104店舗を展開しており、預金残高は1.9兆円、貸出金残高は1.6兆円となっている。同行の創業は1915年と歴史が古く「思いやり」、「相互扶助」という精神のもと地域に根ざした事業を展開している。

　第一に本業に関してみると、愛媛銀行は複数ファンドによる積極的な事業支援や、県内の自治体と提携した珍しい取り組みを行うことで愛媛県の地場産業・地域企業育成に取り組んでいる。

　主な取り組みとしては、愛媛県上島町の奨学金制度「かみりん奨学ローン」や、同行の旧支店の空きスペースを市へ貸借した活動である。かみりん奨学ローンは対象者を地元住民に限定しており、卒業後に上島町へ戻ってきた場合は元金を上島町が負担する内容となっている（2018年1月時点）。同奨学ローンを通して上島町住民に教育の機会を提供するとともに、人口減少の対応にも取り組んでいる。金融機関と自治体による奨学ローンの取り組みは四国で初である。

　第二に、愛媛銀行の関連事業の主な取り組みとして、「複数のファンドの活用」と「販路開拓支援」の2点を挙げる。同行では「えひめアグリファンド投資事業有限責任組合」と「投資事業有限責任組合えひめベンチャーファンド2013」、「えひめガイヤ成長産業化支援ファンド」、「えひめ地域活性化ファンド」の計4つのファンドを設立し、県内の地域創生に貢献している。具体的には、同事業を通して農業法人や、株式上場を目指す成長性の高い企業、6次産業化事業に取り組む事業体の支援である。愛媛県は1次産業が盛んであるが、農業や漁業を支援するような体制づくりを積極的に展開することで、県内の産業支援に貢献している。

　また、同行だけでは十分なノウハウがないため独立系ベンチャーキャピタルや、ゆうちょ銀行などの外部機関と提携することで経営資源を補完している。同行ではさまざまなファンドを設立しているが、上記のファンドの多くは四国

で初の取り組みが多く、独自性のある活動となっている。

　販路開拓支援では、東日本旅客鉄道株式会社（以下、JR東日本）と提携し、県産品を取り扱った駅ナカ商談会をJR池袋駅で開催した。また、官民協働によるビジネスマッチングも実施しており、このようなJR東日本との提携は地方銀行初、官民協働によるビジネスマッチングは愛媛県内では初となっている。

　さらに、近年では県内の販路開拓支援に加えて地域経済への波及効果を狙った新しい形の商談会「MADE IN EHIME 2018」も開催した。これは愛媛県内の専門学校と愛媛県、日本イタリア料理協会によるイベントであり、同商談会を通して県内の生産者とオーナーシェフ・ホテル関係者とのビジネスマッチング支援を目的としている。このように、同行では多様な商談会を行うことで、取引先の収益に繋がるような販路拡大支援に取り組んでいるのである。愛媛県庁内支店に地方創生デスクを設置した（2018年4月）。

　第三に、文化・社会貢献に関して、愛媛銀行の取り組みとしては、①自治体との提携を活かした活動、②地域課題を扱うセミナーやフォーラムの開催、③愛媛応援フェアの開催などがある。

　自治体との提携を活かした地域貢献では、同行の旧しろかわ支店（愛媛県西予市）の空きスペースを救急隊の待機施設として西予市へ貸借している。地域の安全活動に用途を限定して貸し出しており、金融機関の空きスペースを行政に移転させるケースは全国でも珍しい事例となっている。

　以上、愛媛銀行は、本業、関連事業、その他の貢献などの面で独自の取り組みを行っている。また、愛媛県内のすべての市町村行政と提携していることから、この広範なネットワークを活かす具体的な取り組みが見られる。

十八銀行

　地方において、政令指定都市以外の県庁所在都市に本店がある地方銀行の中で、特に地域への対応・取り組みが活発的な代表事例として、長崎県長崎市に本店を置く地方銀行である株式会社十八銀行（以下、十八銀行）を比較対象として取り上げる。長崎市は松山市と都市人口も都市規模も近しい。十八銀行は、2018年時点での従業員数は1,325人、長崎県内を中心に104店舗を展開しており、

預金残高は2.6兆円、貸出金残高は1.6兆円である。同行の創業は1877年であり、「あなたのいちばんに。」というブランドスローガンのもと140年以上、長崎県の地域経済に貢献してきた。

第一に、本業における十八銀行の主な取り組みとして「金利優遇支援」が挙げられる。同行では人口減少対策のために長崎県とUIターン（移住促進）に関する連携協定を提携しており、移住者に対して住宅ローンやリフォームローンの金利優遇を実施している。また他にも、長崎市は同市中心部の賑わいの再生を目的とした「まちぶらプロジェクト」という取り組みを実施しており、同プロジェクトの認定を取得した事業者にも金利の優遇支援を行っている。金利優遇を通して、同行では移住促進や地域活性化という地方課題の解決に向けて取り組んでいる。

第二に、関連事業の創造による対応としては、同行には「長崎経済研究所」というグループ企業を有しており、長崎県の地域経済を調査する「調査研究部」と刊行物の発行を行う「文化事業部」、タブレットシステムの普及を行う「ITコンサルティング事業」、インバウンド促進を図る「アライアンス事業」の4事業から成り立っている。同研究所の調査で把握した長崎県の経済動向を刊行物の発行やインバウンド政策など、地域の経済発展や観光PRの促進活動に展開していくことができる。

さらに、同行では株式会社長崎新聞社と共同でクラウドファンディングのプラットホームである「FAAVO長崎」への参画を行った。FAAVO長崎を通じてプロジェクト案件の発掘や、事業者への新たな資金調達、地域資源の発掘・事業化、販路拡大、広報・周知活動等の支援活動を行っている。同行がメディアと共同で参画することで、資金調達や販路拡大といった銀行が従来得意としてきた活動領域の他にも、プロモーション領域にまで支援活動を広げている。

第三に、地域・文化支援では「長崎サミット（長崎都市経営戦略推進会議）支援」や「マスメディアを使った情報発信」が挙げられる。長崎サミットとは地域創生を目的としたサミットであり、長崎商工会議所など経済4団体を中心に長崎大学や、産学官の長が経済浮揚対策を検討している。この推進活動に長崎銀行も参画しており、当地の重点分野である「基幹製造業」、「観光関連事業」、「水産関連事業」、「大学」の支援強化に向けた提言や情報の提供等を行ってい

る。具体的な取り組みとして、金融支援や観光PR活動、寄附講座、コンサートの共催などがある。商工会議所や産学官の長と共同して取り組むことで、長崎県の経済活性を大規模で、実行力のある形で進めていくことができる。

　他にも同行では、NBC長崎放送で毎週土曜日の夕方に地域情報発信番組として「ジュウハチさんと行く」を約２年間、計70回を放送してきた。支店周辺にある商店や行事、自然等の魅力を行員自らが出演・発信を行っており、３分程度の番組放送となっている。NBCラジオで毎月第１土曜日に金融の基本知識を取り扱った「教えてジュウハチさん　お金の話」など、マスメディアを使用した情報発信を積極的に行っており、インターネットをあまり使用しない高齢者も含め、幅広くの県民に対して発信を実施している。

8-5. 伊予銀行の地域活性化の取り組みの評価

　伊予銀行は、多くの地方銀行が共通の課題となっている経営基盤の強化に向けて、四国の他県の地方銀行３行と連携を強め、業務の共通化・相互補完化などから経営効率を高めるとともに、四国アライアンスの取り組みに見られるように地域への投資力の確保を進めている。さらにサイボウズ、マクアケ、READYFOR等、業界問わず非常に多数の外部機関と提携を結ぶことでの地域活性化に取り組んでいる。

将来的な融資先につながるような潜在的な起業家を発掘・育成

　地域の中小企業への融資、経営指導・支援はもとより、融資先になる以前の潜在的な起業計画者までさかのぼるような創業支援、起業家人材育成に力を入れていることが特徴的である。具体的には、「みらい起業塾」のように事業化プロセスに沿って事業計画教育、起業手続き支援、事業取引先紹介までトータルでの支援の仕組みが整備されている。さらに「地域クラウド交流会」のように地域住民を広く対象として若者や学生などまで事業化意欲を高め将来的に起業につながるような活動を行っている。

広域の支店網を活かしたビジネスマッチや販路紹介支援

伊予銀行は、東京・大阪・瀬戸内・九州など広域の支店網を展開している。このネットワークを資産として活かした地域企業と他地域企業のビジネスマッチングに積極的に取り組んでいる。また都市部商圏へ向け地域産品の拡販への販路紹介などが進められている。

社員自らが企画・実施に関わる地域活性化活動

地域活性化の施策に、社員が実際に参画している点が伊予銀行の特徴ということができる。例えば、「サイクリング動画」を愛媛県内各地で企画し撮影場所を検討、撮影し、発信する取り組みでは県内支店の社員が関わって取り組まれている。西条支店でも社員のエバーグリーンの森（植林）活動や介護施設の餅づくりイベントへの参画、イベント時の駐車場の空きスペース提供など地域へ向けた活動を行っている。社員が実際に「体を張った地域活性化の活動」が取り組まれているということである。

8-6. 総括：伊予銀行の事例 ―企業による地域活性化への示唆

四国アライアンス活動の発展

四国アライアンス活動は、現行の地方銀行4行だけではなく四国4県の行政を巻き込んだ取り組みへと発展させることが期待される。

例えば、横浜銀行と静岡銀行、神奈川県と静岡県の4者による「神奈川・静岡県境地方創生連絡会」のような活動が今後考えられる。この連絡会は県境を越えた両地域の観光振興施策を通じて、海外からのインバウンド消費を活発にするのと同時に、ヒト・モノ・カネ・情報の対流を促進することで両地域の活

力の向上を目的としている。地域に根ざし地元企業を支援している地方銀行と、地域創生に取り組んでいる行政が県境関係なく提携することで、地域や四国全体の更なる需要の掘り起こしや活性化に繋がるのではないだろうか。

地域商社取り組みの発展

　金融庁は地方銀行による企業への出資規制を、現在の原則5％から一部緩和する方針で議論を進めている。中でも地域産品の市場開拓に貢献する企業に関しては、全額出資も視野に検討している。この状況を受け、地域産品を全国に展開していく地域商社としての機能を持つべく、いくつかの地方銀行ではすでに商社事業に参入しており、伊予銀行も四国アライアンスメンバーの3行と共同で2020年から同事業へ参入した。

　愛媛県は水産業が全国でも上位であり、また製造業者の多くは積極的に海外進出を行っている。これらを踏まえ、同行が地域商社として水産業者や製造業者の販路拡大支援に乗り出すことで、愛媛県の経済成長に貢献できると考える。加えて、同行では「ものづくり支援チーム」を有しており、大手商社の勤務経験のある人材も抱えている。地方銀行は、ファイナンスをコアに置きながらも経営やマーケティング、人材育成など幅広く地域の企業者（これから起業する潜在的な人材まで）含めを支援できる、地域に有益な存在であり、その機能を一層付加価値の高いものにできる可能性を持つと考える。

　このような上記の2点に共通して言えることは、地方銀行が、従来の金融機関の事業運営を抜け出し、新たな事業や他の外部機関との提携を積極的に行っていくことが重要である。銀行業界の経営環境は、マイナス金利の導入や企業の新規参入の増加、決済手段の多様化など大きな変化の中にある。かつては規制で守られ安泰とされていたが、まさに変革の時である。地方銀行としては、自社自体のビジネスや地域への関わりを大きく切り替え、銀行自体も新たな形で活性化していく好機と捉えるべきだろう。

（1）　本章に記述する当該企業の取り組みの評価や今後の展開に関しては、筆者の考察に基

づくものであり、当該企業の見解ではない。本章は、南條裕紀（2020）「伊予銀行：地域活性化の取り組み」青山学院大学大学院国際マネジメント研究科ABSケースをもとに、宮副謙司が加筆修正して作成した。

（2）　2017年の銀行法の改正により、銀行から議決権比率5％を超える出資が認められた事業会社のことを指す。この地域商社は4銀行が25％均等で全額出資している。

（3）　これらの動画を制作するにあたり、県内の地域住民の出演を依頼したり、地元行政の方にサイクリング走行のルールを事前にヒヤリングしたり時間をかけて準備して取り組んだという。伊予銀行行員と地域住民・行政との連携・協働によって制作されたということである（2019年8月 伊予銀行本店インタビュー）。

第 9 章　いよてつ髙島屋

宮副謙司　*MIYAZOE Kenshi*

9-1. 企業概要[1]

　株式会社伊予鉄髙島屋（以下、いよてつ髙島屋）は、愛媛県の代表的な私鉄である伊予鉄道株式会社（通称、伊予鉄）のグループ子会社で、松山市に本社を置く百貨店企業である。いよてつ髙島屋は、伊予鉄道がその松山市駅にターミナル型百貨店づくりを計画し、その受け皿会社として1969年に「伊予鉄百貨店」を設立したことに始まる。百貨店運営のために大手百貨店「そごう」と提携して株式会社「いよてつそごう」として1971年7月に開店した。その後、順調に業績を伸ばし売場増床を重ね、松山市の、さらに四国で地域一番店の百貨店へと成長した。

　2000年7月にそごう本体が経営破たんした際、同社は当時のそごうグループで唯一破たんを免れ、そのまま百貨店営業を継続したが、同年12月そごうとの提携を解消し、2001年6月に社名を「株式会社伊予鉄百貨店」とした。その後2002年3月に新たに髙島屋と資本提携し、社名を「株式会社伊予鉄髙島屋」（店名は「いよてつ髙島屋」）と変え、髙島屋グループ企業として現在に至っている。

　いよてつ髙島屋の百貨店店舗は、松山の中心街、伊予鉄松山市駅に立地する本店で、その売場面積は43,000 m^2、2018年年間売上高は336億円で、店舗規模・売上高ともに四国最大となっている[2]。また愛媛県内の四国中央市、新居

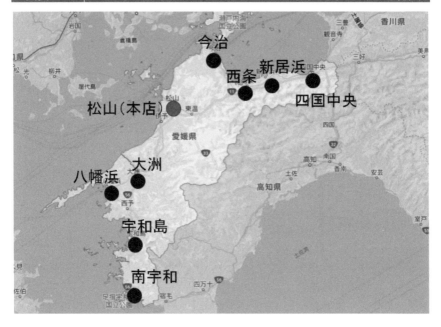

浜市、西条市、今治市、大洲市、八幡浜市、宇和島市、愛南町の8拠点に支店
（サテライト型の小型店舗）を持ち、営業展開している（2020年3月時点）（**図表
9-1**）。

9-2. いよてつ髙島屋の地域活性化の取り組み

　本節では、企業が地域に向かって行う活動を①本業における対応、②関連事
業の創造による対応、③文化・社会などへの貢献による対応の3つに分ける地
域企業の地域活性化の分析フレームに沿って、いよてつ髙島屋の地域活性化の
取り組みを整理する。

本業における地域活性化の対応

　いよてつ髙島屋にとっての「本業」とは、さまざまな分野の商材を仕入れ、品揃え編集し販売することである。いよてつ髙島屋の本業での地域への取り組みとして、①店舗常備営業の品揃え、②催事展開やギフトでの商材発掘と商機提供、③店舗拠点の県内各地域への展開などが挙げられる。

　まず、店舗常備営業の品揃えについて、いよてつ髙島屋は、第一に、地域における都市型百貨店として、グローバルなブランドや商品の地域への紹介・提供や、東京および全国的に知名度のある専門店の導入展開を長年行ってその機能を発揮している。具体的には、特選衣料雑貨として、「ルイ・ヴィトン」、「ブルガリ」、「ロレックス」、「ティファニー」（以上、１階）、「ボッテガ・ヴェネタ」、「バレンシアガ」、「サルヴァトーレ・フェラガモ」、「グッチ」、「ジミーチュウ」、「ダンヒル」、「エトロ」、「フェンディ」（以上、２階）の合計12ブランドを集積し、東京や大阪の髙島屋と同様に「サロン・ル・シック」という名称でゾーンを展開している。また「東急ハンズ」、「紀伊國屋書店」といったしっかりとした品揃えに定評があり幅広い顧客層に人気がある、東京発の文化雑貨関係の大型専門店を上層階に導入している。さらに東京などで話題のファッションや雑貨のショップ・ブランドを期間限定の「ポップアップ」形式で営業展開するなど、都市型MDのきめ細かな情報発信と商品提供を行っている。

　食品売場についても、神戸の人気洋菓子店「ケーニヒスクローネ」、「アンリシャルパンティエ」や和菓子の「叶匠寿庵」、「源吉兆庵」、「福砂屋」などの名店が軒を並べている。またベーカリー「アンデルセン」や髙島屋ブランド「フォション」、松坂牛肉店「柿安」、惣菜「RF1」、「まつおか」、「米八」などデパ地下グルメブランドが多数集められている。

　第二に、地域のリアルニーズへの対応が挙げられる。化粧品・服飾小物など近年、全国的に市場成長性が高く、松山地域でも需要が高い商品分野の品揃えを拡充し的確に対応している。具体的には、化粧品は近年１階に「ロクシタン」、「ジョンマスター・オーガニックセレクト」（松山商圏では同社だけが導

入）など、合計28ブランドを集積している（2019年12月時点）。加えて、6階の生活雑貨フロアには、「ビューティ＆ヘルシー」という名称で自然派化粧品6ブランドを展開し、この分野では四国最大級の品揃えとなっている。またスカーフ・帽子・ハンカチ・靴下などの婦人服飾雑貨（3階）、婦人靴（3階）、婦人肌着（3階）などの商品分野で品揃えが充実し、SC（ショッピングセンター）では個別の専門店に分散する商品をここではワンストップに品揃え、地域ニーズに対応している。

　さらに市内中心街のターミナル駅（電車とバスなどとの交通の結節点）に立地する店舗特性を踏まえ、伊予鉄松山市駅施設寄りの地階には「フードコート」を設け、大判焼・おはぎ・ジェラートなど買いやすく気軽に食べられるメニューを揃え、通学生や子供・シニア層の立ち寄り拠点になっている。

　第三に、若い層からファミリー層・シニア層までの地域の幅広い顧客層への対応が挙げられる。いよてつ髙島屋は、地域一番店としての戦略定石とされる「フルターゲットに向けてフルマーチャンダイジング」という戦略を踏まえ、地域の幅広い顧客層に対応している。例えば「アースミュージック＆エコロジー」、「ミラ・オーウェン」などの若い世代向け「ヤングワールド」ゾーン（4階婦人）、「トミーヒルフィガー」、「ポールスミス」などで構成された「メンズキャラクター」ゾーン（5階紳士）の展開が特徴的である。また「イーストボーイ」などのジュニア層向けブランド（4階）も取り揃えられ充実している。

　子供対応として、遊び場やワークショップなどのイベント拠点にもなる「森のキッズパティオ」（4階）がフロアの中心にあって子供連れファミリー層の需要に対応している。シニア対応では、介護・健康用品（6階）が見られる。シニア層や家族連れの買い物客に向けて休憩所も店内に数多く配置されている。

　次に地域産品の発掘・販売（販売機会・販路の提供）について述べる。いよてつ髙島屋では、地域産品について、地域の銘菓・名産（地階）、陶芸・工芸品（6階）が常備の売場対応として取り揃えられている。例えば、地元菓子「中野本舗」、「一庵」、「うつぼ屋」、「母恵夢」、「六時屋」、「蔵はち」などをコーナー展開している。「銘菓百選」売場では、県内の菓子メーカーの商品（西条市「星加のゆべし」、「ひなのやのパン豆」、「たぬきまんじゅう」など）を期間限

定で随時品揃えしている。

　また中元・歳暮ギフト期においては、「いよてつ髙島屋ギフトセレクション
―ふるさと愛媛のおすすめギフト」として、海産物・畜産品・果物・菓子・日
本酒・椎茸などを品揃えし、カタログで情報発信している。その中には、いよ
てつ髙島屋が地元食材を原料にオリジナルで開発依頼した菓子や、地元の砥部
焼食器と食品を独自に編集詰め合わせしたギフト商品なども含まれている
（2018年歳暮期）。

　松山市の「うちだパン」など地域のベーカリーを紹介する催事「日替わり・
街のパン屋さんWEEK」や、県内各地の酒蔵や食材を取り扱う地域食品催事
も食品フロア拠点催事場で行っている。

　第三に、愛媛県内都市への営業拠点の展開についてである。いよてつ髙島屋
は、支店として、愛媛県内８カ所（四国中央市、新居浜市、西条市、今治市、大
洲市、八幡浜市、宇和島市）、愛南町に小型店舗（サテライト型店舗）を設置し、
愛媛県全県的に営業展開している[(3)]。地方百貨店で県内地域にこれだけの数の
拠点を設けて地域に対応する企業は、全国的にも稀である。しかもその小型店
舗の立地も、商店街（西条市、八幡浜市）、ホテル（今治市）、ショッピングセン
ター（大洲市）、主要幹線道路沿い（四国中央市、新居浜市、宇和島市など）と多
様な出店立地となっている。

　ショップの取扱商品（マーチャンダイジング：MD）は、店舗規模にもよるが
中元・歳暮や慣例ギフト需要に応える東京銘菓などのギフト食品や婦人雑貨が
全店共通ベースとして品揃えされ、新居浜・宇和島・大洲など比較的大規模な
拠点では婦人服ブランドをコーナーで展開している。婦人服ブランドの取り扱
いで見ると、新居浜は「詩仙堂」、「クールカレアン」、「セシカ」、「M2バイセ
ンソユニコ」および「モラビト」、「ピノーレ」（ショップ名「アベニュー」）（1
階）などのプレタから、「ギャラリー　アイ」、「ピサーノ」（2階）などのナショ
ナルブランド（NB）まで幅広い。2019年に移転拡大した四国中央では「クー
ルカレアン」（若い感覚のカジュアルブランド）をコーナーで導入した。大洲は
GMS（総合スーパー）が経営するSC（ショッピングセンター）の2階・3階に入
居するので、「マクレガー」、「ギャラリー　アイ」、「クールカレアン」などの百
貨店NBの品揃えで、GMS衣料との差別化を図っている（ショップでは基本的に

は自主買取仕入品が多いため、自前でのさまざまな営業企画・セールが可能である）。

　また地域顧客へのサービス機能として、松山本店の商品をカタログで注文・取り寄せ（リピート需要対応）、本店で購入した商品の地域ショップでの受け取りなどで機能を発揮している。2018年からは百貨店友の会会員開拓と入金も地域ショップで可能になったため、県内各地域での顧客開拓・維持や、さらに松山本店への顧客誘導も活発になっている。例えば、「タカシマヤ・ショッピング・パスポート」（約半年間の有効期間、いよてつ髙島屋松山本店で使えるクーポン80枚を含む店内営業ガイドブック）を地域サテライトショップでも発行し、来店促進・販売促進を行っている。

　県内8カ所の小型ショップはその拠点を活かすとともに、その地域のホテルやホールを会場とする「顧客招待会」催事を開催し、それを契機としてさらにその地域の周辺部へも営業深耕を進めている。

関連事業の創造による地域活性化の対応

　いよてつ髙島屋における地域向けの関連事業として、法人外商部の内装事業がある。法人外商顧客のビル事務所などの内装工事・美装（クリーニングなど）を請け負っている。

　また伊予鉄グループの事業として、百貨店レストラン街（8階）に「瀬戸内料理：東雲」、「洋食：ロゼット」、「スカイカフェ」など伊予鉄会館の飲食店を導入している（夏期にはビアガーデンを営業している）。また屋上に大観覧車「くるりん」を設置し、都市中心街におけるエンターテインメント施設としても地域活性化の機能を発揮している[4]。

　一方で、他の地方百貨店の取り組みで一般的に多く見られる地域産品の品揃えやショップ展開は、伊予鉄グループ企業である「いよてつショップ」が松山空港や松山市駅前地下街で店舗展開していることから、いよてつ髙島屋においては大規模ではない。

文化・社会などへの貢献による地域活性化の対応

　いよてつ髙島屋は、常設の「美術画廊」（6階）での地元作家の芸術作品の展覧会を開催し、また随時、地域の若手クリエーターの育成を目的とした催事も開催している[5]。

　店内には、7階の大催事場の他にも、「キャッスルルーム」（7階）、「スカイドーム」（8階）、「ローズホール」（9階）、9階「くるりんボード」など多目的スペースを複数設け、地域のさまざまな文化・コミュニティ活動に貸し出している。催事の内容・規模などに応じて場を複数にも活用でき、地域において重要な文化情報発信や交流の拠点になっている。

　2019年度の主な開催事例をピックアップすると、スカイドームでは「新酒きき酒大会」（愛媛県法人会連合会主催）、「ユニセフのつどい」（愛媛県ユニセフ協会主催）、「高齢者趣味の作品展」（松山市・松山市高齢クラブ連合会）、「クリスマスジャズアフタヌーン」など、9階ローズホールでは「ヘルスアカデミー」（愛媛大学医学部主催）など、9階くるりんボードでは「大きな絵本と写真で知る子どもたちの命を守る手洗い—アフリカ・ウガンダでの取り組み」（愛媛県ユニセフ協会主催）の展示などが挙げられる。

　また店舗南館（別館）には、市民サービスセンター・ふれあいギャラリー・ハートフルプラザで構成された「わくわくプラザ」や「松山マドンナ郵便局」を設けている。「市民サービスセンター」は市役所の諸手続き窓口機能を持つもので、住民票の写しや各種証明書類の交付、図書の返却等を受け付ける。「ふれあいギャラリー」は市民の文化活動・趣味のグループの発表の場として市民に開放しており、「ハートフルプラザ」は、障がい者の生きがいや自立支援を目的に手づくり作品を接客販売するコーナーになっている。さらに「えひめ若者サポートステーション」（南館3階）では、地域の若者の職業的自立支援活動をバックアップしている[6]。

9-3. 西条市における地域活性化の取り組み（施策・活動）

いよてつ髙島屋の西条ショップは、西条市役所から程近い市の中心部の紺屋町商店街（アーケード街）に立地している。2014年に中心市街地再開発で完成したビル「エスト・ソレイユ紺屋町」ビルの１階にあり、約55m²の店舗規模である（図表 9-2）。

取扱商品は、ギフト商材（東京銘菓などの食品と食器・寝具など）とハンカチ・傘などの婦人雑貨である。また店頭ではハンガー什器（じゅうき）２台程度での婦人服バーゲンセールも行っている。

外商活動は、西条市が多くの製造企業を抱える愛媛県内でも有数の産業都市であることを反映し大手企業の関連産業の法人需要や、その経営者の個人需要

が活発で、いよてつ髙島屋としての重要な地域の営業拠点となっている。

　一方で、いよてつ髙島屋松山本店では、西条の地域ブランドについて、菓子舗「蔵はち」が食品フロアで常設コーナー展開されている。また「星加のゆべし」、「ひなのやのパン豆」、「たぬきまんじゅう」などが「銘菓百選」売場で、「石鎚」など西条銘酒が日本酒売場で取り扱われている。

9-4. 業界他社比較

　本節では、いよてつ髙島屋の競合店として「松山三越」と、また同じ髙島屋グループの地方店舗（地域子会社）である岡山髙島屋との比較も試みる。

松山三越の地域活性化の対応

　松山三越は、三越伊勢丹ホールディングス傘下の地域会社で、松山市の繁華街である「大街道」に立地する売場面積22,225m²の百貨店である（1946年開店）。規模は、いよてつ髙島屋の半分であるが、一番町電車通り側正面玄関には、日本橋本店同様の「ライオン像」を、大街道アーケード街側には大きな吹き抜けの「アトリウムコート」を設置し、「三越らしい」店舗空間を松山で実現している。

　松山三越の本業としての地域MDの対応については、三越伊勢丹の全社的な「ジャパン・センスィス」キャンペーンの取り組みを背景に、食品や家庭用品の売場など随所に見られる。例えば「E-KEN EHIME（えーけん えひめ）」（松山の人気飲食店が期間限定出店し、惣菜・弁当など販売）、地酒（西条「賀儀屋」なども含む）の集積などがある。高松三越と共同で開発された四国各地の観光地・名物がイラストで描かれた三越オリジナルの四国土産用包装紙でのラッピングによる土産対応や、8階サロンレストランで「鯛めし」など地元食のメニューが提供され、観光客への対応も含め地域MDが充実している。

　サテライトショップは、愛媛県内の今治・西条・新居浜の3都市に出店している。県内地域で人口も多く産業も製造業などが盛んで、大手企業も多く進出

して市場として有望な東予地区に、いよてつ髙島屋と松山三越がともに競って出店している。松山三越の西条ショップは、中心商店街から離れた道路沿いのマンション１階にあり、店舗立地や規模からも外商営業拠点としての設置であり、地域コミュニティへの働き掛けもほとんど見られない（2020年月３月時点）。

　松山三越の関連事業の創造での地域対応としては、店内施設を地域企業・団体に使用を提供する施設・販促ビジネスがある程度である。具体的には、屋上に「愛媛フットサルパーク」の設置、アトリウムコートで地元の自動車ディーラーの新車発表展示会などのイベントが開催されている。

　松山三越の文化・社会貢献も、店内の６階美術ギャラリーでの芸術家・活動の紹介、情報発信がある。また店内催事でも「えひめ逸品一品展」（愛媛県・伊予銀行主催2019年）、「えひめ百貨フェア」、「21世紀えひめの伝統工芸大賞入賞作品展示販売会」（アトリウムコート：2020年１月）など文化催事が数多く開催されている。

髙島屋グループ地域子会社の店舗事例：岡山髙島屋

　岡山髙島屋は、1973年に髙島屋岡山店としてJR岡山駅前に開業し、2004年から会社分割により岡山髙島屋として地域に根差した百貨店を目指し運営されている。

　岡山髙島屋の地域への対応としては、いよてつ髙島屋と同様に、①都市型MDの充実（2018年に化粧品「ボビイブラウン」、「ジルスチュワート」、「アニエスベー」などを新規導入）、②ベターゾーンの強化（従来の２階「サロン・ル・シック」を解体し、「ピッコーネ」、「メゾンモンタギュ」、「エルミダ」を４階婦人服に分散展開）し、「ジュンアシダ」、「ピエールカルダン」、「ユキトリヰ」、「コシノヒロコ」などで「デザイナーズワールド」を構築、③髙島屋大阪店・京都店と連携した関西の食品MD（「三喜屋珈琲」、「京菓子笹屋伊織」など）の導入でのライバルである岡山地場の天満屋との差別化・対抗、④元の有力企業である両備グループと連携した「トラベルローズカフェ」（旅行相談）の８階開設、岡山独自のカード「たまるんカード」を通じた地域の飲食・サービス事業の活性化、家電をはじめとする商材外商の強化、⑤地域の富裕層：外商顧客向けの特

別招待会「プレミアムデイズ」、「プレシャスデイズ」企画の積極的な開催など
が挙げられる。

　いよてつ髙島屋との相違点は、①地域産品の積極的な導入・展開が挙げられ
る（「味百選―瀬戸内グルメ」を地下１階に、2018年から岡山の地場食材を集めた
「おかやま百選」を地下２階に開設、「すわき後楽中華そば」を地下１階に導入など）。
一方で、②小型店ショップは、かつて津山店（店舗面積4,500m²）を1991年に出
店したが1999年に撤退し、岡山駅前近隣のイオンモール岡山SCに食品専門館
「フードメゾン」（店舗面積1,900m²）を2014年に出店したに留まっている。

9-5. いよてつ髙島屋の地域活性化の取り組みの評価

地域MDの掘り起こし・編集・販売の弱さ

　愛媛県内の地域産品・ブランドの発掘・編集・紹介・販売については、松山
三越並びに他の地方百貨店に比べて、いよてつ髙島屋では多くは見られない。
その理由・背景には、伊予鉄グループが地域産品・土産品を販売する事業（伊
予鉄会館いよてつショップ）を積極的に営業展開しており、また愛媛県自体も
「営業本部」組織を設けて地域産品の営業活動をするなど行政自体が事実上
「地域商社」の動きを進めていることが考えられる。

　しかしながら、そのようなグループ与件を踏まえても、いよてつ髙島屋が百
貨店として県内の地域ブランドをさらに掘り起こし、紹介・実売する催事（例
えば、高崎髙島屋「群馬展」、髙島屋横浜店「かながわ名産展」など）を開催する
ことが重要であり、それが店舗の食品売上の拡大にもつながると期待される。

サテライトショップ展開についての評価

　いよてつ髙島屋の店舗資産は、松山を中心に東予から南予まで愛媛県内に８
拠点を展開するサテライトショップである。いよてつ髙島屋のサテライト

ショップは、外商営業拠点の機能、ギフトおよび婦人服など都市型MDの提供の機能が主である。高松三越の最新のサテライトショップ丸亀店（香川県）、金沢香林坊大和のサテライトショップ七尾店や野々市店（ともに石川県）のように最近の百貨店サテライトショップでは、婦人服やギフト商材よりも百貨店での成長商品分野である化粧品や、日常性の高いグロサリー食品や生活雑貨のMDを拡充し、地域消費者の来店を促すケースが増えている（**図表 9-3**）。

文化・社会などへの貢献による地域活性化の評価

いよてつ髙島屋の地域活性化の取り組みは、鉄道・バスなどの交通利便な店舗立地を背景に行政や社会的団体への施設提供での地域貢献は現在も積極的に行われており、高く評価できる。今後さらに、県内地域の市町村や、大学、さまざまな文化やスポーツの団体組織との連携を深め、より定期的に（あるいは常設的に）店内でそれらを紹介する、活動や競技への参加を促す催事・ワークショップを企画し実際に運営できるようにリソースを確保・拡充していくことが望まれる。

9-6. 総括：いよてつ髙島屋の事例 —企業による地域活性化への示唆

都市MDの地域への供給・普及機能から新たな店舗機能へ

いよてつ髙島屋は、一流ブランドを総合的にまんべんなく揃えているのは営業上の強みであるが、顧客の立場から見た店舗全体の印象としては、ブランドショップ（箱）が延々と並ぶ＝モノ主体の大型店舗という感じが強い。百貨店が販売員＝人手を介する業態であることを強みとして、それをさらに活かしていく方向と認識した場合、売場でのさまざまなコトのプロモーション企画により、顧客へ体験価値の提供を進め営業活性化させていく戦略（モノだけでない価値提供の戦略）が考えられる。そして、そのためには販売員が取扱商品の背

| 図表 9-3 | いよてつ髙島屋・松山三越・金沢香林坊大和 サテライトショップ展開状況（2020年3月現在） |

店舗名	都市人口	立地	店舗面積	婦人服（ブランド）	ギフト食品	ギフト家用	服飾雑貨	食品グロサリ	化粧品	紳士洋品	生活雑貨	外商	催事	コミュニティ
【いよてつ髙島屋】														
四国中央	87	郊外道路沿い路面店	160	クールカレアン	○	○	○				○			
新居浜	120	中心街道路沿い路面店	800	クールカレアン、ピノーレ等9ブランド	○	○	○			○	○	○	○	
西条	110	商店街立地	55	（催事対応）	○	○	○				○			
今治	160	ホテル立地	120	ギャラリーアイ、センソユニコ	○	○	○				○			
大洲	43	SC内立地	550	クールカレアン、マクレガー等11ブランド	○	○	○			○	○	○	○	
八幡浜	34	商店街立地	100	実用婦人衣料	○	○	○				○			
宇和島	76	中心街道路沿い路面店	280	ピノーレ、エルミダなど5ブランド	○	○	○				○			
南宇和（愛南町）	21	中心街道路沿い路面店	200	実用婦人衣料	○	○	○				○			
	（千人）		（m²）											

（婦人服取扱ブランド）（2020年2-3月調査）
新居浜　1階：クールカレアン、詩仙堂、ピノーレ、セシカ、モラビト、オースティンリード、センソユニコ
　　　　2階：ギャラリアイ、ピサーノ
大洲　　2階：クールカレアン、マクレガー、ギャラリーアイ、プリマティーボ、ワコール、セーター・ブラウス（ロジカ、京プリントなど）
　　　　ヤングカジュアル（ピケ、サムシング、エドウィン）、フォーマル（東京ソワール）、催事婦人服（さろんど・える）
宇和島　1階：ピノーレ、セシカ、エルミダ、ピンクハウス、東京ソワール

*愛媛県・香川県都市人口は2019年1月1日現在住民基本台帳

【松山三越】														
新居浜	120	駅前立地	60	（催事対応）	○	○	○				○			
西条	110	道路沿い路面店	50	（催事対応）	○	○	○				○			
今治	160	ホテル内立地	130	ダックス、レオナール、催事対応	○	○	○				○			
丸亀（高松三越）	110	郊外SC近接路面店	844	クールカレアン、ギャラリーアイ、催事対応	○	○	○	○	○	○	○	○	○	
	（千人）		（m²）											

丸亀　婦人（クールカレアン、ギャラリーアイ、催事）・化粧品（エスティローダ・クリニーク・ボビブラウン・MAC）
　　　タオル（タオルミュージアム）、生活雑貨「ISOZAKI」（消化仕入）、・グロサリー「日本百貨店」（消化仕入）
　　　2階に文化教室、イベントスペース（催事場）（2020年2月調査）

【金沢香林坊大和】														
七尾	52	複合施設内立地	220	（催事対応）	○	○	○	○		○	○		○	
野々市	53	郊外SM型SC内	347	マクレガー	○	○	○	○		○	○		○	
小松	108	駅前ビルテナント	150	（未調査）										
	（千人）		（m²）											

七尾　ギフト菓子（東京・地元）、カタログギフト（家庭用品・石鹸）、紳士雑貨（ネクタイ・ハンカチ）、グロサリー（北野エース）、婦人服（催事）、スリッパサンダル（2020年2月調査）

*石川県都市人口は2020年1月1日現在住民基本台帳

景、すなわちストーリーを確実に理解し、顧客に的確に伝えその価値を納得して購入してもらえるように、商品や生活スタイルに関する研修に努めること、顧客に体験を与えるワークショップイベントなど社員と顧客のコミュニケーションを深めることで、百貨店店舗のコミュニティ機能を一層高めていくことが重要と考える。

百貨店の地域対応として、都市型MDを地域へ提案しその商品（モノ）を供給する機能は、現在では次第に薄れてきている。消費者がネットをはじめ、さまざまなメディアを通じて情報収集力を高め、アマゾンなどのインターネット通販と宅配便の普及により容易に商品を入手できるようになったからである。そうした消費環境の中で、消費者はリアル店舗には、商品について一定の空間の中での体験的認知や、試着や会話などを通じた自分としての購買納得感を得ることを期待している。そうした意味から百貨店の店舗機能は、人を介した交流コミュニティ機能へ移行していると考えられる。

地域に展開するサテライトショップへの注目

都市型MDの地方への供給・普及機能が薄まる中、機能が見直されるのが、地域に展開される百貨店サテライトショップである。

今後、さらに店舗機能を都市型MDの地方供給・普及型から地域ニーズの受信・吸い上げ機能へと転換することが重要ではないだろうか。

例えば、地域において既存の地域産品を取り上げ編集し、新たな価値に仕立てることや、地域に埋もれている潜在的な地域産品を新しい感性で発見・発掘・編集し、情報発信し、営業拡販していく機能が期待される。さらに健康福祉、文化、スポーツなど地域コミュニティ活動の拠点となり、そうした地域活動の盛り上げに寄与していくことも望まれる。

さらに百貨店自体がオムニチャネル化を進める段階になると、このような小型ショップの地域展開は、商品の試着、受注、商品の受け取り、返品対応で大いに可能性を発揮するだろう（例えば、米国百貨店「ノードストロム」の新規事業「ノードストロム・ローカル」）。その観点からすると、各ショップの取り組みノウハウの共有化や、インターネット遠隔通信システムを活用した施策実施な

ど新しい仕組みでの運営の可能性がある。百貨店のオムニチャネルはその業態特性や仕入形態特性から商品が限られるが、店頭・ネット・外商など、さまざまなチャネルに人手を介する仕組みをプラスして戦略構築が行われれば、一層百貨店の強みを発揮できるものと期待される。

具体的な事例としての西条ショップのあり方

いよてつ髙島屋の西条ショップは、店舗面積が限られていることから、他地域のショップのような百貨店MDを本格的に展開することはできないが、中心商店街の活性化に向け存在感が強く感じられる店舗である。今後、商店街で隣接する専門店―高級雑貨店、酒店（コミュニティギャラリー併設）や喫茶・飲食店、リラクゼーション店などと連携した（それらの店舗・施設を1つのショップに見立てたような）地域の上質顧客向けの営業展開ができれば理想といえる。

地域の有力企業として、全国的な大手企業として

いよてつ髙島屋の基本的な位置付けは、地域の有力企業である伊予鉄グループ企業であり、かつ全国的に店舗展開する百貨店大手企業である髙島屋のグループ企業であるということであり、これは今後の百貨店のあり方として注目される。すなわち、その両方のグループ経営資源を活かす展開が可能ということである。

例えば、伊予鉄グループが取り組む観光・物産・飲食などの事業を百貨店店内に施設として導入する、あるいはその消費者接点のカウンターやサロンの場を百貨店が提供することで、百貨店にとっては多角化事業を展開することができる。地域消費者からは「いよてつ」も「いよてつ髙島屋」もほぼ同一視されているのではないかと思うからである。

一方で、髙島屋本体が行っている社会コミュニティ活動を、いよてつ髙島屋も取り組むということもできるだろう。例えば、「民藝」活動については、その活動の誕生期（1930年代）から髙島屋は長年この活動を支援し、現在に至っている。（例えば、2017年東京店・横浜店などでの「民藝の日本」、「用の美と心―民

藝展」の開催）。愛媛県においては四国唯一の民藝館「愛媛民藝館」が西条市にあるが、この文化資源を活かして県内の工芸士やクリエーターと連動した「民藝活動」の盛り上げや推進に、いよてつ髙島屋の役割が期待される。

大手全国企業と地域有力企業が組んで地方百貨店を運営するという地域活性化シナリオ

　いよてつ髙島屋は、伊予鉄道が出資する百貨店で、大手企業のノウハウを活かす地方百貨店である。鉄道会社が資本を提供し、百貨店はその企業の冠をつけ、店舗運営については提携した百貨店企業にそのノウハウ供与を受ける経営となっている。

　地域の鉄道会社が地域社会への貢献の重要性を認識し、大手百貨店企業と連携する形で地方百貨店を経営することは、地方百貨店のあり方として、そして企業による地域活性化の具体的手法として注目される。

　また髙島屋はこの提携により、今治髙島屋の閉鎖以来拠点のなかった四国地方に再び関係基盤を持つことになった。髙島屋は、これまでJR東海（名古屋）、遠州鉄道（浜松）等地域の鉄道企業の百貨店運営に参画してきた経緯がある。ホテル業界では土地・建物オーナーと業務運営企業が異なるマネジメント・コントラクト方式（運営業務委託契約）が一般化しているが、百貨店業界では、そのような契約関係は見られない。その契約方式の百貨店企業への導入が難しければ、伊予鉄百貨店と髙島屋のような取り組み形態によって、地方百貨店が地域のために存在し続けるとともに、大手企業も地域に営業機会を広げ、その展開を確実にし、お互いが成長することができる。百貨店の新しい成長と地域展開の可能性を示すことになるのではないだろうか。

（1）　本章に記述する当該企業の取り組みの評価や今後の展開に関しては、筆者の考察に基づくものであり、当該企業の見解ではない。
（2）　松山市の人口は、513,227人（住民基本台帳 2019年1月1日現在）。
（3）　地域サテライトショップは店舗外営業形態ということで外商部組織に位置付けられている。

（4）　百貨店に一般的に多く見られる百貨店友の会会員向けの文化教室事業は、いよてつ髙島屋としては展開していない。

（5）　髙島屋本社としては、美術振興と国際文化への寄与を目的に、公益信託「タカシマヤ文化基金」を1990年に設立している。基本財産は8億円で、新鋭作家、シンポジウムなどの助成や、内外美術文化の発掘・振興への支援を行っている。

（6）　いよてつ髙島屋の現在の規模に至る増床が松山市駅前周辺地区再開発プロジェクトの一環として、官民一体となって進められたことによるものと考えられる。中心市街地の活性化・魅力化とともに、伊予鉄グループ全体の経営の根幹に関わる最重要拠点であるからこそ、これほどの投資がなされたと推測される。

第Ⅳ部　西条発地場企業の地域活性化の取り組み

第**10**章 ┃ **石鎚酒造**

佐伯 悠 *SAEKI Yu*

10-1. 企業概要[1]

　西日本最高峰で、四国の屋根ともいわれる石鎚山（標高1,982m）。富士山、立山、白山、大峰山、釈迦ヶ岳、大山とともに、日本七霊山の1つにも数えられ、古来より地元の信仰を一手に集めてきた。その「石鎚」の名を自社商品の商標に置く酒造製造業が、石鎚酒造株式会社である。同社の眼前には、愛媛県産酒米である「松山三井」の産地としても知られる道前平野が広がり、蔵内の井戸から自噴する名水（軟水）を用い、100年の長きにわたり酒造りを営んできた。

　創業は1920年。純米酒、純米吟醸酒を軸に「食中に活きる酒造り」を標榜し、事業を運営している。1999年からは、今では標準になりつつある蔵元杜氏制に早々に移行し、家族中心の酒造りへと切り替えた。これにより1回の仕込みに使用する原料米の総米量を600〜1,000kgの範囲内で仕込み、その全量を2基の槽により時間をかけて絞っている。すなわち、手造りであるがゆえの目の行き届く範囲を意識した小ロット生産に徹し、酒質の向上と安定化を図っている。

　そのような緻密で丁寧な酒造りを支える社員は、総勢13名（2016年時点）。創業家である越智家を中心にした責任役割分担制を敷き、工程を釜屋、原料処理・製麹、もろみ管理・帳簿、酵母培養・分析、酒母に分け、酒造りを行っている。

製品・ビジネス概要

　石鎚酒造は、現在では、通年商品に加えて、季節商品や顧客別小ロット商品等を充実させ、全国80店舗余りの酒販店や特約店に対する取引が中心となっている。

　これは中小酒類製造業の持続的発展に向けた過程の1つである、限定流通によるブランド価値の安定化、すなわち限定流通による価格統制に該当し、緩やかな組織化による垂直的ネットワークの構築手法に当てはまる（佐伯 2020a）。この限定流通網の構築によって大きくそのブランド価値を向上させた代表的な事例として、朝日酒造株式会社の「久保田」や旭酒造株式会社の「獺祭」などが思い当たる。

　同社の実績としては、2014年7月〜15年6月で、約200kℓ（約1,100石）以上の売上となっており、対前年対比では112%の成長となっている。また、前述の売上構成比としては純米酒、吟醸酒、本醸造酒等で構成される特定名称酒が全体の87%を占め、特定名称酒に分類されない清酒（普通酒）は、わずか13%と少ない。出荷ベースでは、全体の65%が純米酒、吟醸酒の出荷となっている。

　最近では愛媛県産酒米を原材料に用いたプレミアム限定酒「石鎚 純米大吟醸 VANQUISH」や「石鎚 挑戦桶 純米吟醸 しずく媛50%精米」があり、季節商品として、上皇后美智子さまに馴染みの深い花酵母にて醸した「石鎚 純米吟醸 プリンセスミチコ」、コシヒカリ・ササニシキ・あきたこまちの源流である岡山県産朝日米を用いた「石鎚 純米吟醸 朝日米55」を世に出している。

　加えて、2009年11月には清酒製造業から関連多角化を進め、自社の酒粕を利用した粕取り焼酎（原酒40度、および割り水25度の2種）を販売している。この清酒製造業による他酒類製造への多角化の事例は、例えば、12年時点で国内出荷量シェアの5割弱を占める兵庫県、京都府、中でも代表的な酒造産地である灘五郷、および伏見の企業である白鶴酒造株式会社、菊正宗酒造株式会社、黄桜株式会社、宝酒造株式会社など業界の大手で、経営資源が比較的潤沢な企業が、内製、もしくは買収を通じて実践している。

　その一方で、一般的に中小の括りに属する企業では、昨今の時流を受け、全

国的に見ても概ね経営資源の集中、すなわち特定名称酒への特化を進めている
ケースが多い。そうした中での石鎚酒造の焼酎製造販売への多角化は注目され
るところである。

　以上、石鎚酒造のビジネス概況を述べたが、総じて、好調な通年商品に依存
せず、多様化する消費者の嗜好性を正面から受け止め、常にものづくりへの真
摯な挑戦の姿勢を崩さない点が、同社の特徴であるといえるだろう。

10-2. 酒類市場・清酒業界の動向

　近年の酒類市場の動向について、その特徴は大きく3つに分けられる。①
「若者の酒離れ」や「健康志向」に紐づけられた酒類消費（1人当たり）の減少、
②年齢別構成比率の変動、すなわち高齢化による酒類課税移出数量の逓減、③
嗜好の多様化による酒類別消費の細分化、などが挙げられる（佐伯 2020a）。

　このような市場環境変化を受け、清酒業界の近年の特徴は大きく、①高級化
路線への移行、②海外輸出の増加が見られる（佐伯 2020a）。

　第一の特徴は、具体的には、一般的に普通酒に比べ、利益率が高い特定名称
酒への資源集中に、業界全体で舵をきっている。清酒全体の出荷量は、1998年
時点で113万3,000kℓあったものが、2015年時点で55万3,000kℓと半減以下に縮小
している。一方で、特定名称酒は10年の15万9,000kℓを底値に、15年には17万
3,000kℓと、わずかではあるものの増加傾向を示しているのである。その内実
を探ると、新政酒造株式会社に代表される伝統的な酒造りへの回帰や、伏見に
代表される地域性を意識した酒造り（佐伯 2020a）など多様だが、清酒の高付
加価値化という筋は共通している。

　第二の特徴は、米国、中国、韓国を中心にした海外輸出量、および海外輸出
比率の増加である。輸出比率では、0.7％から3.2％と、縮小する市場の中で、
2.5％もの増加が確認でき、全体から見た場合は、未だ端数扱い程度の微々た
るボリュームではあるものの、この海外需要増の時流は、昨今の和食ブームに
準じて、薄まることはないだろう。

10-3. 着目する西条市の地域資源

西条市の地域資源

　本節では、清酒製造業に関連する西条市の地域資源について、「GHILフレーム」（宮副他 2017）を用いて考察する。

　まず、地理（Geography）であるが、瀬戸内海式気候によって温暖な土地柄となっており、かつ四国では珍しく平野部も拓けているため、古来より農業が盛んな地域であった。そのため、稲作も盛んで、清酒の原材料となる酒米も各地で栽培された。また、石鎚山系から湧き出る名水もあり、清酒の主原料のうち、特に重要とされる、米、水の2つが揃う土地であった。また大消費地との近接性の視点からも、県庁所在地である松山市から電車で1時間程、岡山へも電車で2時間程と比較的近く、交通の便は四国の他都市と比べてみても決して劣ってはいない。

　歴史（History）に関しては、奈良時代から続く山岳信仰の拠点であったことに加え、江戸時代には伊予西条藩松平家の陣屋町であったという歴史的経緯からも、西条市、およびその近郊には、地域に根付く祭事が数多存在している（西条まつり、小松秋まつり、東予秋まつり、丹原秋まつりなど）。そのため、大神神社（奈良県）の御神酒、仏教寺院の僧坊酒といった、そもそもの清酒の起源に鑑みて、西条の清酒との親和性は高いものと推察される。

　産業（Industry）であるが、売上高、付加価値額を確認すると、製造業、および卸売業・小売業で多くが占められている。実際に同地を訪ねてみると、西日本最大規模の臨海工業団地が置かれ、国内でも有数の大手企業の工場が軒を連ねる集積地であることが分かる。ただし、トリクルダウンの観点からも、このような集積地ができることは、所得が安定した中間層が呼び込まれ、かつ彼らと物理的に密接していることで、確かな消費口を確保できるという点から、酒造事業には好都合と見なせる。

　生活（Life）であるが、西条市は人口11万人、四国でも有数の都市である。

このような都市成長の経緯は、1960年代より始まった東予新産業都市の開発拠点に指定されたことが大きい。それ故に、前述のように製造業従事者・関係者が西条市に居住することになり、その結果、11万人を超える人口を有する地域となった（2019年時点）。

　以上、古くから主原料の入手に適した土地柄であることに加え、文化・歴史的側面からも清酒との親和性は元々高く、かつ所得が安定している労働者が数多く生活している同地は、清酒製造業にとっては一言に「恵まれた」地域であると見なせるだろう。

西条市の清酒製造業の動向

　清酒製造業の創業のルーツの1つが、地主兼営副業型であり、それは「酒造業が地主経済と結合して経営されているという地主資本的性格」を有するものであった（藤原 1999）。そのため、取引市場が地元に限定されており、規模の経済が機能しないため、中小零細企業によって多くが占められていた。西条市も古くから農業が盛んであった土地柄から、ルーツに地主権営副業酒造業を持つ中小規模の清酒製造業が存在してきた。愛媛県酒造組合・愛媛県酒造協同組合編（2013）によると、現在は、西条市には石鎚酒造の他に、4社の清酒製造業が立地している（順不同）。

◇蔵本屋本店（1855年創業）
　弘法大使ゆかりの伏流水である「芝井加持水」を用い、伝統的な手造り製法を守り、脈々と香り高い清酒を醸造し続けている。近年では、全国新酒鑑評会で5年連続の金賞を受賞し、国内でも高い評価を獲得している。
◇成龍酒造株式会社（1877年創業）
　「酒は夢と心で造るもの」という理念を掲げ、オートメーション化が進んだ酒造工程の中で、敢えて手作業を多く取り入れている点が特徴である。他社同様に、石鎚山系からの名水に、地元産の酒米を取り入れ、地域性を意識した酒造りを徹底している。

◇首藤酒造株式会社（1901年創業）

　石鎚山系から湧き出る名水と地元産を中心にした西日本各地の厳選された酒米から、清酒を醸造し続けている。首藤酒造も、石鎚酒造と同様に、仕込みの規模を小さくすることで、目の行き届いた酒造りを徹底している点が特徴である。

◇武田酒造株式会社（1904年創業）

　熟練した技で基本に忠実に酒造りに向かい、近年では時代の変化に対応した高付加価値の特定名称酒の醸造に取り組むなど、希少価値の高い商品に力を注いでいる。

　以上のように各社各様の取り組みが行われているが、共通事項は中小規模の清酒製造業であり、伝統的製法や手造りによる醸造、そして地元産の酒米を使用するなど地域性を意識した事業運営である。これは高級化路線への移行に該当する、先駆的な取り組みに類するだろう。

10-4. 石鎚酒造の地域活性化：地域資源を活かした独自の酒づくり

価値の創造（商品）

　ここでは、マーケティング理論である「製品を3層で捉える概念」——「コア」、「形態」、「付随機能」にて、同社の価値創造の特徴を考察する。

■製品のコア

　石鎚酒造が表明している「食中に活きる酒造り」、「3杯目から更に旨くなる酒」というテーマは、まさに製品のコアであり、成熟社会において潜在的な消費者ニーズを捉える重要な価値と捉えられる。

■製品の形態（ネーミング・パッケージ）

　商品の形態とは、コアに付随する製品特性、すなわちコアを具現化するスタイル、品質、ブランド、パッケージング等を指している。ここでは1つのみを言及するが、2018年より全日空の国際線ファーストクラス・ビジネスクラスに搭載、提供されることになった「石鎚 純米吟醸 山田錦50」にて採用されたパッケージデザインを紹介する（**図表10-1**）。

　一見すると、これは果たして清酒なのかと思わせるような、洗練されたデザインに目を奪われる。透明感のある石鎚山の背景と創業者である越智恒次郎氏の筆で書かれた銀箔の「石鎚」の商標は、消費者に今までに経験したことのない穏やかな香りやすっきりとした味わいを連想させ、また、その名に恥じない同社の酒造りへの強い誇りを想起させる。

■製品の付随機能

　製品の付随機能とは、アフターサービスや保証など、商品の付加的な要素を指している。佐伯（2020a）が主張するよう、清酒製造業は歴史的背景からも、中小零細規模の企業が大多数を占めており、経営資源の有限性の束縛が一段と強い。そのため、同社でも経営資源のトレードオフを行ううえで、この領域に注力できていないのが現状である。一方で、誰しもが手を付けていない領域だ

図表 10-1	石鎚酒造株式会社ウェブサイト トップページ

（出所）石鎚酒造株式会社ウェブサイト（https://www.ishizuchi.co.jp/#top　2020年8月2日閲覧）

からこそ、という発想の転換も有り得る。他業界での先駆的取り組みから、部分的模倣を行うことで、新たなイノベーションが生まれる可能性は否定できない。

価値の伝達（コミュニケーション）

中小企業は経営資源の有限性の束縛があり、広く消費者に自社商品の価値を知らしめることはできないがゆえに、価値の伝達には創意工夫が求められている。

第一に、オーソライズによる価値の伝達が挙げられる。石鎚酒造の代表的な伝達活動として挙げられるものの１つに、全国新酒鑑評会に代表される積極的なコンテストへの出品であろう。客観的な第三者評価を得ることで、「石鎚」の価値が認知され、多くの消費者への伝達が可能となる。例えば、2019年だけも、前述の全国新酒鑑評会（最高位 金賞受賞）だけでなく、ワイングラスでおいしい日本酒アワード（メイン部門：最高金賞）、インターナショナル ワインチャレンジ2019（愛媛・純米吟醸トロフィー受賞・純米吟醸の部：GOLD受賞など）等、多くの栄えある賞を受賞している。このように積極的な外部評価の獲得を通じ、「石鎚」の価値伝達がなされている。

第二は、ウェブサイトの充実である。石鎚酒造は、2018年よりウェブサイトをリニューアルした。清涼感のあるサイトであることはもちろん、ワンスクロール・ワンクリックでウェブサイト全体を総覧できるシンプルな構成となっており、閲覧者目線に立った仕様となっている。加えて、ウェブサイト内「お知らせ」を通じ、細かな情報発信を行っていることで、ウェブサイト自体の鮮度を維持している。なお、同サイトは2019年６月に、愛媛広告協会主催「第38回愛媛広告賞」にて、インターネット広告部門で最優秀賞（応募点数228点）を受賞している。

第三に、価値の直接的な伝達である。同社代表取締役社長を務める越智浩氏（以下、浩氏）は、愛媛県酒造組合理事長、日本酒造組合中央会需要開発委員などを歴任し、精力的な清酒業界を代表した社外活動を行っている。そして、講演や研修会等で語られる浩氏の酒造りに対する想いに感化され、「石鎚」との

絆が新たに形成される。つまり、これは浩氏から直接的に発信される意味的価値の提供機会であり、そこから聞き手は「石鎚」の物語を受け取ることになるのである。

価値の提供（販売チャネル）

清酒を含む酒類製造業の一時の低迷を招いた原因の１つに、少品種大量生産型の販売網が、GSMやスーパーに代表される新手の小売業を主体に敷かれ、メーカー側の価格統制が採れなくなり、コストリーダーシップのみが融通を利かせる市場ができ上がったためといわれている（佐伯 2020a）。また、その背景には、メーカーと一蓮托生の繋がりで市場の需給調整をしていた、問屋主導型流通システムの指揮者であった卸売業の後退があった（二宮 2016）。

石鎚酒造は、従来型チャネルに拘泥せず、厳選された全国80店舗余りの酒販店や特約店との限定流通網を形成しており、同社商品の市場での流れを管理することで、ブランド価値の毀損を防いでいる。同社は、今後も事業の持続的発展を第一に、安定した年間造石量（年間110％成長）を心掛け、「わかる」顧客にのみ販売していく姿勢は崩さない。

10-5. 地域活性化視点での取り組みの評価

小原（1996）が指摘しているように、産地を形成する地場企業の衰退は、翻ってその企業が立地する地域に対し、経済的影響に留まらず、社会的、文化的な影響を及ぼすことになる（図表10-2）。

最終的には、地域自体の魅力減退という事態にまでその影響は波及するため、換言すると、産地を形成する個々の企業の活性化のうえに、地域全体の活性化があるものと捉えることができる。また同時に、産業連関が示すように、１社のみの活性化では決して地域は活性化しないことには注意が必要であり、ビジネスの基本原則、前工程・後工程を意識した視座が求められている。

図表 10-2　産地の衰退が地域に及ぼす波及効果

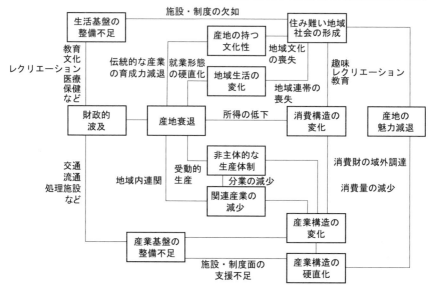

（出所）小原久治（1996）『地域経済を支える地場産業・産地の振興策』高文堂出版社、164頁を参考に筆者作成

地域資源：愛媛県産酒米の活用

　石鎚酒造の取り組みの評価の第一は、愛媛県産酒米の積極的な原材料活用である。清酒の原材料は、米、水、麹の３種であり、その代表的な原材料である酒米は、その良し悪しが酒質に大きく影響するため、その選定は非常に重要なものとなる。一方で、「平成30年産酒造好適米の生産状況等」によれば、国内の代表的な酒米である兵庫県産「山田錦」、新潟県産「五百万石」だけで、国内総生産量の５割以上を占めており、寡占が進んだ市場であると考えられる。

　また、酒米の自給率に注目すると、①自給自足型（秋田県・新潟県）、②自給移出型（兵庫県・広島県）、そして愛媛県も該当する③移入依存型（京都府・石川県・高知県）の３パターンが存在し、移入依存型に関しては、生産波及フローの観点から、資本の域内滞留率が下がり、多くの資本が域外に流出してし

まう構造となっている（窪添 2003）。

　さらに、酒米は一般的に製造原価の6割以上を占めるといわれており、この域外供給による機会損失は決して無視できない。それ故に、地元産の酒米を積極活用することは、域内に多くの資本を循環させることに繋がるため、地域全体の活性化の観点からも重要な取り組みであると考えられる。

研修会による地域への知識移転・手法の伝授

　第二には、浩氏が精力的に取り組む技術向上のための研修会が挙げられる。浩氏はこの活動を、「この土地への感謝を還元するのも使命」と捉え、若手酒造家との交流を通じ、地域全体の底上げを図っている。

　2018年には、愛媛県で28年ぶりとなる国家試験の「酒造技能検定」を実施した。結果、浩氏を含め、約30名の1級技能士が誕生することになる。まさに、地道な活動の成果が結実した瞬間であり、浩氏の指導を受けた酒造りの専門家が1人、また1人と所属する蔵元で良質の清酒を醸造することで、地域全体の活性化へと繋がっていくことだろう。

10-6. 特徴ある取り組みの実現要因

　愛媛県産酒米の積極的な原材料活用に関しては、宮副（2014）が主張する地域活性化のマーケティングモデルでいう、地域に根付く独自資源の着眼、および編集（地域の素材・技術から時代にマッチした活性化の種を見出し、新しい意味付けを行う作業）機能が有効に作用した結果であるといえる。ここで重要な点は、独自地域資源の有無を問題にしているのではなく、既存地域資源に対し、新たな価値を付与しているということである。すなわち、無から有を創造するのではなく、すでにある資源の有効活用に注力することが、着眼、および編集機能を稼働させるうえで肝となるのである。

　確かに、西条市は古来より農業が盛んな地域であり、四国一の農業面積を誇るその土地からは、今も多種多様な農作物が生まれているが、酒米に関しては、

移入依存型に属し、域内で自給することはできなかった。無い袖は振れないという開き直りともいえる、置かれた環境に対する冷静な眼差しから、市場の潜在的な需要であった伝統への回帰、地域性の重視という意味的価値を捕捉し、着眼、および編集を繰り返した結果、限定プレミアム清酒の開発、すなわち高付加価値、高級化路線への舵取りが生まれた。この既存資源に対する客観視こそ、愛媛県産酒米の積極的な原材料活用を見出した要因であるといえる。

　技術向上のための研修会に関しては、当時、業界に一石を投じた蔵元杜氏制への移行が関係している。現在では、杜氏の高齢化によって、蔵元杜氏制へ変わる蔵元が散見されてきたが、同社が移行したのは今より20年以上も前のことである。無意識ながらも、業界の慣例に拘束されていた同業者からは、同社の取り組みに対し否定的な言論を投げられたと、浩氏は当時を振り返る。しかし、山本（2014）が看破しているように、杜氏に依存した酒造りは、ノウハウの「ブラックボックス」化をもたらす。蔵元経営者は、酒造りには関与せず、財務諸表を管理し、売上を立てるための営業を行えばよいという当時の標準が、杜氏高齢化という構造的問題に直面し、破綻をきたした結果、技能の継承が進まず、杜氏の引退とともに廃業する清酒製造業が後を絶たなかった。

　石鎚酒造では、先代の越智英明氏が、杜氏の引退を見越し、「家族での酒造り」を提案し、そこからは家族二人三脚での酒造りが始まった。浩氏は、「不安感は相当なものだった」と回想し、「技術的な相談をする相手がいないという心許無さは、今でも忘れることができません」と当時を思い出す[2]。しかし、自らの手で自らが理想とする清酒を目指し、愚直に醸し続けた結果が、独自ノウハウの蓄積という帰結を呼んだ。そして、自らが蔵元の経営者であるとともに、酒造りの職人であるからこそ、実地に基づく血の通った技術指導が可能となるのである。一言に、同社、そして浩氏が歩んだ歴史こそ、技術向上のための研修会を有益な機会とする要因となったのではないだろうか。

10-7. 石鎚酒造からの学び

　石鎚酒造は、干渉することができない外部環境（歴史的文脈に紐づく地域資源

や人口構造の変化、杜氏の高齢化など）に対し、干渉が可能な内部環境（意識改革や組織構造変革など）を外部環境に適応させることで、今日の発展に繋げてきた[3]。繰り返しになるが、その際に重要となる点が、今ある資源に対し、着眼、および編集に注力する姿勢、換言して「創造活動」である。変革には確かに痛みが伴う。しかしながら、自らの変革に対し直視し、愚直に、真摯に突き詰めていった歩みこそ、今までの同社の発展の礎にあるものと考えられる。王道に近道はないと同社の事例を通じ、実感している。

　石鎚酒造は、「食中に活きる酒造り」を目指し、「料理と合う芳醇な酒」を醸し続けている。その真摯な姿勢が、数多の受賞歴をもたらしたことは、論を俟たない。一方で国内の食中酒は清酒だけに留まらず、焼酎、果実酒やハイボール、更にはビール、サワーなど、数多の競争相手がひしめき合う過密市場となっている。そのような多様性の中で海外では、場面による棲み分けがなされている。そうであれば、今後の日本酒のあり方として、さまざまな料理、食のシーンに合うような独自のポジションを確保する「ニッチ戦略」か、多様な酒造りも行って包括的に対応する「リーダー戦略」か、どちらかなのだろう。企業の持続性を担保する「二兎を追う」戦略こそが、「VUCA（Volatility：変動性・不安定さ、Uncertainty：不確実性・不確定さ、Complexity：複雑性、Ambiguity：曖昧性・不明確さ）」の時代において、企業に求められているとも考えられる。この相反する二兎を両立させるための要諦は、一言に経営者次第であると考える。石鎚酒造の今後の戦略方向はどのようになるのか、浩氏の今後の事業経営に、清酒業界からの注目が集まる。

（1）　本章に記述する当該企業の取り組みの評価や今後の展開に関しては、筆者の考察に基づくものであり、当該企業の見解ではない。
（2）　2018 ～ 2019年度の数回にわたる筆者の越智浩氏へのインタビューによる。
（3）　昨今のコロナ禍の影響を受け、飲食店やイベントでの消費形態や物流構造に大きな変化が起きている。石鎚酒造でも、年間約200kℓあった出荷量が、2020年3月～ 6月にかけて約20kℓの出荷量（売上としては約1,800万円）の減少となった。そこで、石鎚酒造では東京農業大学、および日立トリプルウィンと連携し、全国の東京農業大学OB酒蔵を取りまとめたクラウドファンディング「日本酒プロジェクト2020」を20年9月より開始し、自社だけでなく、苦境に立たされる同胞蔵元の援助を行っている。

第 **11** 章 │ # サイプレス・スナダヤ

宮副謙司　*MIYAZOE Kenshi*

11-1. 企業概要[1]

　株式会社サイプレス・スナダヤ（以下、スナダヤ）は、愛媛県西条市に本社と工場を置き（資本金2,000万円、従業員数140名）、事業内容として木材輸入、製材、集成材、CLT（Cross Laminated Timber：クロス・ラミネイデッド・ティンバーの略称、「直交集成板」と呼ばれる）などの製造加工販売を行い、売上高は61億円（2019年3月期）である。

　近年は、国産材に着目し、特にヒノキの製材・集成材の製造・販売ともに国内最大手に成長した。今後、さらに国産材の加工を促進し、CLTという新建築資材の普及を通じて林産資源の好循環・好環境型ビジネスの確立を目指している[2]（**図表 11-1**）。

沿革

　スナダヤの源流である砂田屋は、江戸時代、1668年から地元の主産業であった塩田業を営んでいたが、塩田用具である塩鍬の製造・販売も手掛け、その材料である桜の木を多く取り扱ったことがきっかけで材木商も兼ねるようになる。その後1892年、創業者の砂田要次が「砂田屋材木店」を創業し、本格的に材木商としての道を歩み始めた。

図表 11-1 株式会社サイプレス・スナダヤ会社概要

創業	1892年（明治25年）
資本金	2,000万円
売上高	61億円（2018年度）
従業員数	140名
事業内容	木材製材品、集成材品、CLTの製造、加工、販売
取扱い樹種	集成材：ヒノキ、米ヒバ（アラスカイエローシダー）、製材：ヒノキ、スギ

生産量
ヒノキ集成材　2,500m³/月、米ヒバ集成材　1,000m³/月、ヒノキKD角　2,500m³/月
スギKD・その他副製品　1,500m³/月

事業所
【本社工場】　〒799-1101　愛媛県西条市小松町新屋敷甲1171番地1
【東予インダストリアルパーク工場】　〒799-1354　愛媛県西条市北条962番地55

JAS認証工場
【本社工場】　JPIC-LT80,JPIC-FJ8
【東予インダストリアルパーク工場】　JPIC-LT263、JPIC-CL10、JLIRA-B・57・20、JLIRA-B・57・23

（出所）サイプレス・スナダヤ ウェブサイト（https://www.sunadaya.co.jp/pages/company　2020年8月24日閲覧）

　高度経済成長期（1950～70年代）の木材輸入の拡大に伴い、日本全国で木材とその関連産業が集積する「木材コンビナート」が誕生したが、スナダヤはカナダや米国からヒバ（ヒノキの一種）を輸入し、差別化を図り売上を伸ばした。1970年に砂田屋産業株式会社設立、1991年に株式会社スナダヤに商号変更した。1997年に国内初の米ヒバの集成材生産に着手した。1998年に4代目社長として砂田和之氏が着任後、2005年の会社新設・分割を機に、長らく中心的に扱っていた米ヒバと、西条市に豊富に存在するヒノキの英語名でありサイプレス（Cypress）を社名に冠し「サイプレス・スナダヤ」と改名した。

事業展開

　スナダヤは、国産材、特に「ヒノキ」に着目し、その扱いを強化してきた。米ヒバはヒノキ科ヒノキ属で、ヒノキと同様の木としてスナダヤにとって扱いが得意であったことと、愛媛県がヒノキの素材生産量で全国でも有数であった

こともあり、ヒノキを多く扱うようになったのである。

　2008年に愛媛県のヒノキを用いた製材・集成材の生産を開始、CLTという新建築資材の工場を新設した。CLTはその高い強度、建築資材としての利用しやすさ、環境に優しいなどの特徴により、近年注目を浴びている。CLT製造工場は国内に8カ所[3]あるが、スナダヤは国内最大サイズCLT建材を製造・出荷が可能な大規模工場で操業している（**図表11-2**）。

　2018年3月に、西条市の東予インダストリアルパークに完成した新工場にはドイツLINCK社製の製材装置をはじめとするヨーロッパの先進木材加工機械を積極的に導入し、原木製材機による自動木取りなどさまざまな工程の自動化に成功し、これまでにない先進的で高効率な工場を実現している。また新工場は、原木製材、集成材製造、CLT製造までを1拠点で生産することが可能な工場であり、その機能を持つ日本初の工場となっている（**図表11-2**）。

　スナダヤの取り扱いは、全体の売上の9割が国産材、1割が米ヒバとなっている（2018年）。ヒノキの原木の製材数量は月間12,000m^3、ヒノキの集成材の生産量は月間2,800m^{3}でともに国内最大となっている[4]。

| 図表 11-2 | サイプレス・スナダヤ　東予インダストリアルパーク工場 |

11-2. 着目する西条市の地域資源

　愛媛県は、日本国内でも有数の林産資源を抱える県である[5]。愛媛県の森林面積は、40万ha（ヘクタール）で、土地面積の71%を占める（2015年農林業センサス）。そのうち90%が民有林で、さらにそのうちの61%が人工林となっている。人工林の中で、ヒノキが49%、スギが48%、クヌギその他が3%で、ヒノキが多い構成である（2015年）。

　愛媛県の林業産出額は70億6,000万円（2014年）で、その内訳では木材生産が58億円で82.1%と高い比率で、栽培キノコ類生産（17.3%）や薪炭生産を大きく上回っている。素材生産量は53万m³で全国11位、そのうちヒノキは19万8,000m³で全国第3位である（2014年）。また製材品生産量は41万m³で全国第7位（四国4県では首位）である（2014年）。

西条市の林業の歴史[6]

　西条市を中心とする加茂川流域での林業は、古くは豊臣秀頼が徳川家康の勧めによって、方広寺（京都）大仏殿の復興のために、石鎚山から用材を運び出したことが記録されている。以来、加茂川流域で林業が盛んになり、江戸時代には西条藩の宗藩である紀州家の林制に学び山林の保護を始めたと言われている。造林が本格化したのは明治時代中期である。

　西条市加茂川流域の林業は、「加茂川林業」と呼ばれている。林業の盛んなのは中央構造線から南の急峻な山岳地帯で、結晶片岩の風化した沃土と多雨な気候条件に恵まれ、スギ・ヒノキの育成の適地である。またこの地域は、用材生産に特色があり（木炭・薪材や椎茸の生産は盛んでない）、愛媛県における重要な用材生産地として発展してきた。

西条市の現在の林産資源とその活用[7]

　西条市の森林面積は、35,478haで、愛媛県内でも広く、県庁所在地・松山市

のおよそ2倍、山がちな南予市（県南部）地方の大洲市（31,521ha）や宇和島市（33,222ha）を上回る（2015年農林業センサス）。西条市の森林では民有林（27,897ha）が78.6％を占め、中でも人工林（19,584ha）の比率が高い（2020年4月愛媛県地域森林計画書データ）。人工林は、西条市の森林全体の55.2％、また民有林の70.2％を占める。全国の人工林の割合は41％（林野庁）であるので、それを上回っている。中でも個人や企業の所有する私有林（私有林人工林）が16,091haで82.2％を占めている。一方、西条市の森林の21.4％である国有林のうち、人工林がおよそ4割であるが、国有林の多くは石鎚山系の高い標高に分布しているため、天然林の割合が高い。

　西条市の林業生産額（1.3億円）は、西条市の市内総生産3,659億円のうちの林業出荷額は0.036％いう規模である。農業79億円、水産業8.7億円であり、他の1次産業と比較しても低くなっている。また他市町と比べても例えば同じ愛媛県内の久万高原町（私有林かつ人工林面積31,940ha）では町内総生産303億円の8％の25億円が林業であり、その地域と比較しても西条市の林業の規模は小さいと言える。

ヒノキの生産[8]

　西条市は、ヒノキの主産地である。ヒノキは「α-カジノール」などの天然の油分を多く含んでいる。これら天然で蓄積された油分の効果によって、耐久性、耐水性、防虫性なども高い水準でまとまっており、さらに日本人が好むさわやかな芳香も発生させる。これらの特徴は、住宅の部材において、湿度の高い環境に長くさらされ、シロアリ食害の危険性の高い『土台』に使用することに非常に適した特徴となっている。国産材で、安定的に調達可能であり、高い強度と耐久性、シロアリに対する対抗性を兼ね備えるヒノキは、目立たない所で住宅を支える縁の下の力持ち『土台』に、最も適した材料ということができる。

　ヒノキは主に本州の福島県以南に生育しており、有名な産地としては「富士山麓」、「木曽・東濃」、「紀伊半島」、「岡山」、「愛媛・高知」、「大分北部」、「熊本南部」などで、特に西日本に多く分布している。なかでも愛媛県にはたくさ

んヒノキが生育しており、ヒノキの一大生産地となっている。2017年度の愛媛県におけるヒノキ原木の伐採量は24万m³と全国の都道府県の中で第1位の伐採量を誇っている。

西条市の林業振興施策

西条市林業振興課は総合計画内で2024年度（令和6年度）を目標とした取り組み施策に、林業経営の安定化の支援や、森林の持つ多面的機能の維持・発展を挙げている。

具体的には、森林経営計画作成面積の増加、森林環境譲与税[9]を活用した森林経営管理事業の実施面積の増加と、水源の森整備事業の実施面積の増加などである。さらに市では、木材の活用促進にも取り組む。具体的には、CLTを使用した建築物の増加と、西条産材活用促進事業の件数増加を目標とする。西条産材活用促進事業とは、住宅の新築時に施主がその使用する材木に、製材所や森林組合の証明を受けた西条産材を使用する場合補助金を与える制度である。

11-3. サイプレス・スナダヤが創造する地域価値：「CLT」

CLTについて[10]

CLTとは、ひき板（ラミナ）を並べ、繊維方向が直交するように積層接着した木質系材料のことで、英語「Cross Laminated Timber」の略称である。日本語では「直交集成板」呼ばれる（**図表11-3**）。

CLTは1995年頃からオーストリアで開発され、同国を中心として発展し、現在では、英国やスイス、イタリアなどヨーロッパ各国でもさまざまな建築物に利用されている。また、カナダや米国、オーストラリアでもCLTを使った高層建築が建てられるなど、CLTの利用は近年になり各国で急速な伸びを見せている。

（出所）日本CLT協会

CLTの特徴と建築物

　CLTは特別な接着剤を用いて板と板を張り合わせたり、つなぎ合わせたりすることにより、既存の木材製品では実現できなかった大きな厚み、幅、そして長さを実現可能である。

　この特徴により、木造建築が一般的であった小規模建築物のみならず、木造建築では実現が難しかった大規模建築物や中高層建築物への木材利用を可能となった（実際にカナダや米国、オーストリアではCLTを利用した高層建築物が建設されている）。CLTは、木材特有の断熱性と壁式構造の特性をいかして戸建て住宅の他、中層建築物の共同住宅、高齢者福祉施設の居住部分、ホテルの客室などに用いられている。また災害時の仮設用住宅にパーツとして保管し、必要な時に組み立てて利用することも考えられる。

　CLTは、構造躯体として建物を支えるとともに、断熱性や遮炎性、遮熱性、遮音性などの複合的な効果も期待できる。木の表面をそのまま見せて用いると、木目や木の肌触りを感じる心地のいい空間ができる。

　CLTを利用した建築物の具体的なメリットとしては、①工場内で一部の材料を組み立ててから現場に搬入するプレファブ化により施工期間が短くできる（現場打ち鉄筋コンクリート造と比較して基礎躯体工期が約 1 / 2 ～ 2 / 3 に短縮で

きる）、②同じ強度（※この場合曲げ強度のこと）を実現するうえでコンクリートや鉄骨よりもCLT（木材）の方が軽くできるため基礎工事の簡素化ができる（木材の比重はコンクリートの約1/5であるため、建物重量が約1/3〜1/2に低減できる）、③コンクリートや鉄骨と比べて、同じ厚さで比較するとCLT（木材）の方がより断熱性が高い、④接合具がシンプルなので熟練工でなくとも施工が可能などのメリットがある。

環境とCLT

　木は光合成を行い大気中の二酸化炭素（CO_2）を吸収し、自らの幹に固定することで成長していくが、成長が進むにつれてCO_2の吸収量は減少してしまう。そこで十分に成長した木は伐採し、CLTをはじめとした木材製品に加工して地上に「固定」することで大気中のCO_2を減少させることができる。

　一方、伐採した跡地には再度若い苗木を植えて、この苗木が成長する際に再び大気中のCO_2を吸収することで、地球環境の維持に貢献することが可能である。CLTはこれまでの木材製品よりも大きな幅や長さを実現しており、製造する際には大量の木材を使用する。また木造住宅の減少により木材需要自体が減少することが危惧される中、CLTという新たな木材需要を創出することで、木材の使用量をさらに増やし、環境に対する好循環を維持拡大することができるのである。

　CLTなど木材製品の積極利用は、前述のとおり地球環境への好循環をもたらすため持続可能な開発目標SDGs（Sustainable Development Goals）[11]の考え方にも合致していると考えられる。

日本におけるCLT

　日本でもCLTは注目されており、2013年12月に製造規格となるJAS（日本農林規格）が制定され、続いて2016年4月にCLT関連の建築基準法告示が公布、施行された。これによってCLTの一般利用が開始され、徐々に普及が進んでいる。

今後、日本の人口が減少するにつれて、木材の利用用途として最も一般的な木造住宅の着工数が減少し、木材の需要そのものが減少してしまうことが懸念されている。そこで、日本でも欧米諸国で普及が進みつつあるCLTに着目し、住宅以外の公共建築物や商業施設、集合住宅、オフィスビルなどに木材を利用してもらい、木造住宅の着工数が減少しても木材の需要がさらに拡大するように、日本におけるCLTの普及に力を入れている。

11-4. サイプレス・スナダヤの地域活性化：ヒノキを活かしたCLT製造・販売

価値の創造

スナダヤの砂田社長は、ヨーロッパにおけるブームが日本にもやがては伝わってくると感じ、ヨーロッパに実際に赴き、断熱効果や調湿効果があって人が快適に過ごすことができる優れた建材であることを実感する。そのことがきっかけとなりスナダヤは、本社工場の移転というタイミングに合わせてCLTに参入し、原木の製材からCLTの製造までフル規格で一貫生産できる施設を建設することになった。一貫生産が可能という点は、海外で作られた製品と比べても価格的に劣ることなく生産が可能ということを意味し、これはスナダヤの大きなアドバンテージとなっている。

スナダヤは2018年7月にスギCLT、同9月にヒノキCLTのJAS認証を所得し、現在は国内最大規模規格の幅3m、長さ12m、厚み360mmのCLT盤を作成可能とし、スギ、ヒノキ、スギ・ヒノキのハイブリッドの3樹種に関してCLT製造・販売を行っている。

スナダヤのCLTの取り組みにみる、同社ならではの強さとしては、ヒノキに関して長い取り扱い実績を持ち、その素材に関する専門知識・技術を組織として保有することだろう。さらに最先端のICT化・自動化のノウハウも確実に持ち、日々高めている。

価値の伝達（普及・促進のプロモーションや営業セールス）

スナダヤとしては、自社ウェブサイトでCLTに関して協会以上にわかりやすく丁寧な解説を行うとともに、本社工場内にCLTの建築空間を体感できるコーナーを設けている。

スナダヤは、自社で製造したCLTの販売を、愛媛県内の業者も参画するE-CLT株式会社という販売会社に委託している。その営業担当者が、専門の営業マンを配備し、全国の建設会社・設計事務所などの建設関係（B2B）や、企業・官公庁などの建設発注（依頼主側）（B2B2B）に営業活動を展開している。

砂田社長は、このE-CLTを「啓蒙会社」と位置付けている[12]。多くの人がCLTに関わる仕組みをつくることによって、既存の木材への考え方をより多くの人が改めるきっかけとなるようという思いが込められている。

価値の提供（チャネル）

スナダヤのCLT導入実績としては、西条市内のCLT利用施設が2例ある。子育て交流センター「ここてらす　こまつ」（2019年4月13日運用開始）（**図表11-4**）と、西条市西消防署河北出張所（2019年10月1日運用開始）である（**図表11-5**）。

西消防署河北出張所は、日本初のCLTパネル工法を採用した消防施設（建築面積163.59m²、延べ面積151.29m²、平屋建て）で、女性消防吏員の活躍推進と職域の拡大のため、女性専用のトイレやシャワーなどを設けている。さらに公共施設以外の住宅や事務所への導入や他の製品への適用などCLTの活用の可能性が検討されている。

スナダヤは将来の国内人口減少に伴う木材需要の減少を視野に入れ海外への木材輸出販売にも積極的に取り組んでいる。現在米スギの製品価格高騰による代替需要として日本のスギが注目されている背景もあり、米国、中国、台湾、シンガポールなどの国に月間10コンテナ程度を販売している。これらの国産スギは米国では主に戸建て住宅の庭を仕切るフェンス材などに用いられている[13]。

図表 11-4	西条市子育て交流センター「ここてらす　こまつ」 （西条市小松町新屋敷）

（出所）西条市役所ウェブサイト
（https://www.city.saijo.ehime.jp/soshiki/kosodateshien/kokoterasukomatsu2.html　2020年 8 月24日閲覧）

図表 11-5	西条市西消防署 河北出張所（西条市実報寺）

（出所）西条市役所ウェブサイト
（https://www.city.saijo.ehime.jp/soshiki/shobosomu/kahokusyuccyousoykaisyosiki.html　2020年 8 月24日閲覧）

11-5. 地域活性化視点での取り組み評価

CLTの製品化：独自技術で新たな地域価値の創造

スナダヤは、西条市の豊富な林産資源、特にヒノキという地域資源を活かし、CLTという最新の製材技法を最新の製材機器を活用し、それらの掛け合わせによって新たなビジネスを開発した。まさに地域価値の創造となって西条市の地域活性化に新しい動きを見出した。

さらにそれは、スナダヤ独自の取り組みであり、他社が追随できにくいノウハウの先行的な確立となった（それは、そのための最新の製材機器の工場導入など先行投資があってのことである）。

西条市の歴史的な事業の継承

西条市は、地理的にも歴史的にも林業に長く深い資産がある地域であった。その老舗とも言えるスナダヤが、会社自体のイノベーションとして取り組んだCLTの製造は、会社自体に留まらず西条地域の林業・林産業の更なる成長発展の可能性を示すことになった。

SDGsとしての林産資源への貢献

スナダヤのCLTの取り組みによる地域のヒノキの活用増は、人工林の伐採を促し、さらに若い木を植え育て、西条市の林産資源の再生・循環を促す。若い木はCO_2の吸収源となり地球温暖化対策ともなっていく。こうした面の貢献も確実に持っている。

11-6. 特徴ある取り組みの実現要因

　砂田社長は、ヨーロッパで飛躍的に広がっているオーストリア発の新建材CLTに日本林業界の活路を見出している。まさに、CLTについて、積極的にオーストリアへ赴き、現地の実際を視察して、そこで得た確信が取り組み推進の原動力になっている。そして、そのための先行投資を行い、他社が追随できにくいノウハウの先行的に確立でき現在に至っている。

　しかし、砂田社長本人も語っているように、CLTの需要供給は共にまだ盛り上がっていない[14]。砂田社長はこれらが盛り上がっていくためには、①一般ユーザの間で地球環境を考慮して、CO_2を削減する効果のあるCLTを使いたいという欧米と同様の意識が高まること、②建物全体をCLTで建造するということに限らず、戸建て住居の壁一枚にCLTを耐力壁として用いるなど、より柔軟に有用なところに用いることができるという認識が広まることが必要だと主張している。

　砂田社長は、「比較的安価で手に入りやすい中国や米国の木材ではなく、価格競争には劣るもののクオリティが高くスナダヤの身近に存在する国産のヒノキやスギを用い管理することによって、地元の林業従事者を支え、そのことが里山や林業そのものを守ることにつながる」と述べている。こうした効用の一般的な認知・浸透や、市場でのSDGs意識の高まりが、スナダヤの取り組みを一層広げていくために重要なことではないだろうか。

11-7. サイプレス・スナダヤからの学び

　西条市は、その地形・自然・気候など地理的条件に恵まれ、地域産品は農作物をはじめ、豊富に産出な土地であるが、関西・瀬戸内の大都市という消費地に近い立地から、長らく１次産品（原材料）の供給地であった歴史的な経緯（経路依存）から、消費者への付加価値を企画・編集して加工する機能が弱いという側面があった。森林資源についての同様である。江戸時代から用材の産

地として発展してきた経緯が明らかにある。

　そのような中で、スナダヤのCLT製品化は、伝統的な地場産品であるヒノキやスギの用材から、SDGsなど新しい時代の要請にも叶う建設素材へ価値を高める加工として注目され、大きな期待がかかる取り組みになっている。さらに業務用ならびに消費者用（家庭用）に販売する機能を自ら持つ、あるいは連携して持つことで、6次産業化を図り、地域価値としての広い認知、普及をさせていくことがチャレンジとなる。

　そのためには、最終消費者に近く需要・ニーズを知る企業との連携での販路拡大が重要となると考えられる。「四国企業」で有力な伊予銀行（大都市部への販路開拓）や四国電力（四国地域内での建設促進やヨンデンプラザショールームでの情報発信）などとの連携が期待される。また大都市部（東京・大阪）の建築設計・建設・金融機関などとの一層の連携、さらにそれらの連携を発展させ、木造建築で親和性があり市場の成長性の高いアジアへの市場開拓が期待される。

（1）取り組みの評価や今後の展開に関しては、筆者の考察に基づくものであり、当該企業の見解ではない。また、本章は、青山学院大学の互井福滋氏、加瀬大河氏の調査協力により記述されている。
（2）株式会社サイプレス・スナダヤのウェブサイト（2020年8月21日閲覧）および「会社案内」資料（2018年8月閲覧）に基づいている。
（3）全国のCLT工場は、西条市のスナダヤをはじめ、北海道北見市、宮城県石巻市、石川県能美市、鳥取県南部町、岡山県真庭市、宮崎県日南市、鹿児島県肝付町となっている。
（4）「週刊愛媛経済レポート」2019年1月7日号、砂田和之氏へのインタビュー記事による。
（5）「えひめ森林・林業振興プラン（第5次愛媛県総合林政計画）」（2016年4月発表）（関係統計資料https://www.pref.ehime.jp/h35700/1461/ 1 _sanson/plan/plan5.html　2020年8月24日閲覧）。
（6）この項は、愛媛県生涯学習センター資料「データベース：えひめの記憶」—愛媛県史地誌Ⅱ（東予東部）5．加茂川林業（1988年2月29日発行）（http://www.i-manabi.jp/system/regionals/regionals/ecode: 2 /32/view/4571　2020年8月24日閲覧）および、同—愛媛県史社会経済2　農林水産　第2節加茂川流域（1985年3月31日発行）（https://www.i-manabi.jp/system/regionals/regionals/ecode: 2 /42/view/5452　2020年8月24日閲覧）を基に筆者が、加筆修正して作成した。
（7）皆尾裕（2020）Defending Our Localsウェブサイト「西条の「人工林・竹林」の現状を知ろう」（前編：2020年6月8日/後編：2020年6月18日記事）（https://d-o-ls.jp/toknow/planted_forest/%E8%A5%BF%E6%9D%A1%E3%81%AE%E3%80%8C%E4%B

A%BA%E5%B7%A5%E6%9E%97%E3%83%BB%E7%AB%B9%E6%9E%97%E3%83%BB
%E6%A3%9A%E7%94%B0%E3%80%8D%E3%81%AE%E7%8F%BE%E7%8A%B6%E3%
82%92%E7%9F%A5%E3%82%8D%E3%81%86%E3%80%80-3/　2020年8月22日閲覧)。

（8）サイプレス・スナダヤ　ウェブサイト（https://www.sunadaya.co.jp/product/lumber
2020年8月22日閲覧)。

（9）パリ協定の枠組みの下における我が国の温室効果ガス排出削減目標の達成や災害防止
等を図るための森林整備等に必要な地方財源を安定的に確保する観点から設けられる税
制度が森林環境税（令和6年度から施行)。これを原資の一部とし前倒しで令和元年度
から施行され、国から市町村に譲与されるのが森林環境譲与税。

（10）日本CLT協会ウェブサイト（http://clta.jp/clt/　2020年8月21日閲覧）およびサイプ
レス・スナダヤウェブサイト（https://www.sunadaya.co.jp/product/clt　2020年8月21
日閲覧）の記事をもとに編集して記述した。

（11）持続可能な開発目標（SDGs）とは、2015年9月の国連サミットで採択された「持続可
能な開発のための2030アジェンダ」にて記載された2030年までの国際目標である。持続
可能な世界を実現するための17のゴール、169のターゲットから構成され、地球上の誰
一人として取り残さないことを誓っている。SDGsは発展途上国のみならず、先進国自
身が取り組むユニバーサル（普遍的）なものであり、日本としても積極的に取り組んで
いる（外務省HPより抜粋)。また環境問題のみならず、差別や人権など、人類が抱える
さまざまな問題のすべてを包括的に解決する事を目標としている。

（12）「週刊愛媛経済レポート」2019年1月7日号、砂田和之氏へのインタビュー記事による。

（13）「週刊愛媛経済レポート」2019年1月7日号、砂田和之氏へのインタビュー記事による。

（14）「週刊愛媛経済レポート」2019年1月7日号、砂田和之氏へのインタビュー記事による。

第Ⅴ部　総括：地域活性化と SDGs へのつながり

第**12**章 企業動向の総括

宮副謙司 *MIYAZOE Kenshi*

　これまで企業による地域活性化の取り組みについて、愛媛県西条市を研究対象地域として事例を見てきた。特に外部からの企業の地域内発化の取り組みによる地域活性化についてはさまざまな発見が得られたので、この章で取りまとめ総括する。

12-1. 外部からの企業の地域内発化の取り組みによる地域活性化

　外部から西条市に進出して事業展開をする、全国的な大手企業（事例として3社：花王、アサヒビール、クラレ順不同）と、四国地域ブロックの有力企業（「四国企業」と呼ぶ、事例として4社：四国電力、JR四国、伊予銀行、いよてつ髙島屋順不同）について、各社の地域への対応、働きかけを見ていくと、次のような特徴が明らかになった。

全国的大手企業の西条市での地域内発的な取り組み

　全国的な大手企業に関しては、まず、①全社的な地域対応の考え方と具体的な取り組み施策を整理し、②同じように全国展開する同じ業界の競合企業とその取り組みを比較する。③また同社内の全社的な取り組みと西条市の事業拠点（工場・事業所）での取り組みを比較し、西条市のニーズへの対応など、西条市

ならではの取り組みがあるのかの視点から事例を分析する。この分析視点は、研究計画の当初に示した分析フレームワーク（Ⅰ）（**図表0-1**）にあたる。

　その分析結果、大手企業は①全社的なビジョン・方針に則って地域への具体的な施策を掲げ、②業界内各社の施策には大きな差異はない。また③全社的な施策は地域の事業所で共通に取り組まれるケースがほとんどであることが明らかになった(1)。

　一方で、地域独自の取り組みが一部の企業、事業所で見られるが（例えば、花王の酒田工場：「さかた産業フェア」、「やまがた健康フェア」など地域イベントへの社員参画、「花王夏祭り」施設開放、酒田フィルハーモニー管弦楽団へのメセナなど、クラレの岡山事業所：「小学生絵画・書道コンクール」開催など）、地域発の取り組みが全社共通での取り組みになるケースは、数少ない。ただし、アサヒビール四国工場の「水源地の森保全活動」（2004年〜）の取り組みは、その後全社・グループ全体に順次波及していった事例になっている。

四国企業の西条市での地域内発的な取り組み

　次に、四国企業に関しては、①その企業としての地域への対応の基本的な考え方を踏まえ、その具体的な施策を、A）本業に関して、B）関連事業・新規事業として、C）文化・環境・地域貢献としてという３つの観点で整理し、②他地域の同類企業（地域の電力、JR、銀行、百貨店）と比較し、そのうえで③西条地域での具体的な展開を分析した(2)。

　まず、A）本業に関して、B）関連事業・新規事業として、C）文化・環境・地域貢献としての３つの観点で整理した場合、四国企業の特徴は、以下のように明らかになった。

　A）本業関連では、製品やビジネスの新規開発（JR四国：観光列車・旅行開発、伊予銀行：起業支援クラウドファウンディング・起業家教育など）が行われている。そして、その価値を伝達するコトのイベント化の施策（四国電力：クッキングスタジオやショールーム展開、JR四国：鉄道歴史パーク支援）が多く見られた。

　B）関連事業・多角化では、JR四国のベーカリーショップやホテルの開発やマチカツプロジェクト、四国電力の御用聞きビジネスなど生活関連の新規ビジ

ネスや、農業ビジネスなどの地域事業への多角化の取り組みが挙げられる。

　C）貢献は、ソフト／ハード両面で活発である（四国電力：よんでん文化振興財団、JR四国：地域大学との連携協定、伊予銀行：サイクリング動画作成、いよてつ髙島屋：百貨店店舗内での多目的ホールの設置、地域関連催事の開催、導入運営など）。

　また、他地域同類企業と比較分析では、四国企業は、特に業界で先駆けるような革新的な取り組みが際立ってはいない。しかしながら、別の観点では、2年間にわたり、四国企業の地域対応を視察して気づく特徴が挙げられる。

　それは、四国の経済特性（政令指定都市クラスの大都市がなく地域需要が少ない、本州など他地域からの業務・観光での交通流入・移動が少ない、企業の持つリソースの制約など）を踏まえ、地域への継続的な事業展開のためのさまざまな営業面の工夫、やりくりがなされているということだ。例えば、JR四国は特急の同一車両の中で指定席と自由席をミックスして運行し路線の確実な運行を維持している。また、いよてつ髙島屋は、人口規模に応じた小型規模の支店を地域のホテルやSC（ショッピングセンター）テナント、マンション1階や幹線道路立地の単独路面店など地域事情に合わせて県内に出店するなどの事例が挙げられる。

　四国企業は、文化芸術支援や観光への貢献以外にも、四国全域から地域情報を丹念に収集し地域価値に編集し地域向け施策に仕立てる能力が高い。地域に根ざしながらも俯瞰的に見て地域資源をコーディネートする広域企業ならでは眼と能力を備えているという特徴も明らかになった。

　具体例として、四国電力の広報誌「ライフ＆ライト」は、地域のさまざまな活動を毎月、取り上げており、その長年の情報の蓄積は高く評価できる。四国地域で起業する場合に地域資源や事業素材あるいは、先行事例を見るのに有益であり、既存の企業も新たな事業開発や連携先の選定機会に有益な情報の提供となっている。

西条市で事業展開する企業の取り組み活動を横比較して見えてくること

　横比較分析は、研究当初に掲げた比較研究分析のフレームワーク（Ⅱ）（図

表 0-2）の視点である。

　この視点での取り組み事例の整理から分かることは、2点である。まず現在目に見える施策とその効果として、各社の子育ての充実につながるような子供の教育関連の施策が挙げられる。花王の手洗い教室、クラレのわくわく化学教室など、既存の学校の授業を補完するような学習プログラムである。これらは、西条市の子育て環境充実につながり、西条市の住みやすさという地域価値を高めている。

　また第二に、伊予銀行では起業家塾や、四国電力ではアクセレータープログラムなど次世代の起業家の人材育成が着々と行われていることも注目される。中長期的に地域からの起業が活発化し、有望な地域の担い手になるように人材を育成する取り組みは大いに期待したい。

　さらに企業の地域への働きかけが、複数で共通であれば、さらにそれが地域価値を高めるに合致するものであれば、そうした企業の取り組みは相乗効果となり、その効果が一層高まるものと期待される。地域活性化の流れを太くして行けるということである。

12-2. 企業による地域活性化とSDGsへのつながり

　前述のように、西条市における企業の地域への働きかけをリサーチして気づくことは、それらは、まさに、近年注目されている企業のSDGs[3]活動の地域への展開にあてはまるということである。一般に、企業の地域への働きかけが地域の特性や状況をうまく捉えたもので、地域価値を高めるものであるとともに、SDGsへもつながることが理想である。そのような観点からみれば、西条市における全国的な大手企業や四国企業などの地域への取り組みの多くがSDGs活動として捉えることができ、それらが実際に活発に展開されていることがわかる。

全国的な大手企業の取り組み

　花王は、西条市で展開する新生児向け、すなわち若ママやその家族向けの紙おむつや衛生・清潔用品の製造や、地域の小学生などへ向けた手洗い講座・おそうじ講座・環境講座の出張開講は、SDGsにいう「4：質の高い教育をみんなに」、「3：すべての人に健康と福祉を」、「6：安全な水とトイレを世界に」に関連する活動といえる（**図表 12-1**）。

　クラレの現在の取り組みである、子供向けのわくわく化学教室や、事業所施設内の観桜会の開催は、「4」、「9：産業と技術革新の基盤を創ろう」の活動と捉えられる（**図表 12-1**）。

　アサヒビールでは、前述の「水源地の森保全活動」（2004年～）の取り組みの他、「アサヒキッズプロジェクト」としてボルダリングスポーツや地元食材でのピザつくり体験など子供対象のイベントを継続的に実施している（「6」にあたる）。また「アサヒ若武者育成塾」では加茂川の生き物観察、廃棄物問題への対応の体験型学習機会を提供している（「4」にあたる）（**図表 12-2**）。

図表 12-1	全国的大手企業の西条市での地域への取り組みとSDGsへのつながり（1）

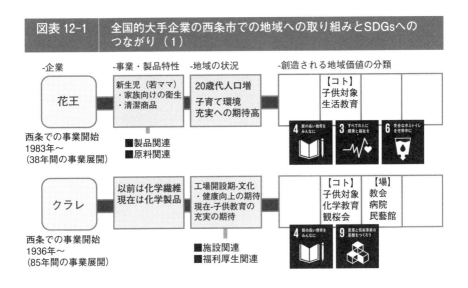

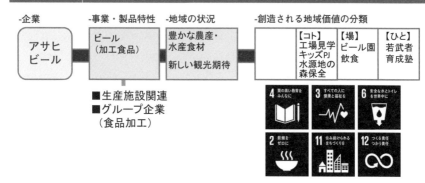

図表 12-2　全国的大手企業の西条市での地域への取り組みとSDGsへのつながり（2）

四国企業の取り組み

　四国企業では、JR四国が、本業である交通基盤（ユーティリティ）および文化拠点での教育面の貢献は、「4」、「9」、「11：住み続けられるまちづくりを」、「15：陸の豊かさを守ろう」にあたる。四国電力の産業・生活基盤（ユーティリティ）の貢献、一部で生活情報ソフトの提案やビル施設管理などまちづくりリソースの活用は、「7：エネルギーをみんなに、そしてクリーンに」、「9」、「11」、「12：つくる責任・使う責任」と捉えられる（**図表 12-3**）。

　また伊予銀行の地域企業・活動組織への金融支援・起業支援は、「4」、「9」、「11」、「15」にあたると見ることができる。いよてつ髙島屋は西条市では店舗としては小規模拠点であるため、企業本体（松山本店）が持つリソースを西条市で展開するには限度があるが、店舗以外の営業や情報発信、コミュニティ活動などでの地域の消費者の生活充実への支援機能をさらに発揮することで「11」の取り組みになっていくものと期待される（**図表 12-4**）。

図表 12-3	四国企業の西条市での地域への取り組みとSDGsへのつながり（1）

-企業　　　　　-事業特性　　　　　-地域の状況　　　　　-創造される地域価値の分類

| JR四国 | アンパンマン号
自転車トレイン
鉄道歴史パーク
の運営協力 | 20歳代人口増
子育て環境
充実への期待高 | 交通利便
観光機会 | 【コト】
子供対象
文化教育 | 【場】
文化施設 |

■交通基盤（ユーティリティ）および
文化拠点での教育面の貢献

| 四国
電力 | 火力発電所
クッキングスタジオ
椿温泉交流館
-施設運営管理 | 産業インフラ充実
家族生活充実
観光・娯楽ニーズ
への対応 | ユーティ
リティ
産業・生活
インフラ | 【コト】
生活情報
提供 | 【場】
温泉施設 |

■産業・生活基盤（ユーティリティ）
の貢献、一部で生活情報ソフト
提案・街づくりリソース活用

図表 12-4	四国企業の西条市での地域への取り組みとSDGsへのつながり（2）

-企業　　　　　-事業特性　　　　　-地域の状況　　　　　-創造される地域価値の分類

| 伊予
銀行 | 金融支援
起業支援 | 若年層・子育て
家族(移住層)の
生活・起業環境
充実への期待高 | 金融支援
起業支援 | 【コト】
起業支援
地域企業
支援 | 【場】
環境演出
交流場の
提供 | 【ひと】
若武者
育成塾 |

■金融支援・起業支援での貢献
（さらなる起業や移住しやすい
環境整備に期待）

| いよてつ
髙島屋 | 都市型MD
ギフトMD
(サテライト展開) | 生活提案性のある
商品群の期待
冠婚葬祭しきたり
アドバイス機能 | 【モノ】
都市型MD
(地元MD) | 【コト】
(物産展)
(　　)は松山での展開 | 【場】
(ホール) | 【ひと】
(地元作家
育成) |

■小規模拠点のため、企業本体が持つリソースを西条で
展開するに限度があるが、店舗以外の営業・情報発信・
コミュニティ活動での生活充実の支援機能の発揮に期待

12-3. 企業の地域への取り組みから明らかになったこと

　このように全国的な大手企業や四国企業の地域への内発的活性化活動を見てくると、以下の3点が明らかになった。

企業の本業：製品に関わるコトづくりで地域の子供たちの教育（SDGs）となっている

　全国的大手企業、四国企業それぞれに事業特性・企業規模（および西条市での活動規模）に差異があるが、製品・サービスの提供（本業）や、それに関連して需要の喚起にもつながるコト・イベントでの価値の伝達活動、文化施設の運営・情報発信の支援（貢献）などの取り組みが、SDGsの取り組みでもあると言え、「4」や「11」の活動として見ることができる。
　一般の地域の小中学校では提供しづらい、化学や環境の専門知識を持った企業の実務家・研究員が分かりやすく授業するプログラムは学校にとっても有益であり、企業と教育機関（ならびに行政）連携での子供たちへの教育活動が長期視点でも子育てしやすい地域環境づくりにも貢献すること至ると考えられる。

四国企業の需要創造型の地域への取り組みが活発

　企業の地域への取り組みが、地域価値の新たな創造に寄与するものであるか、あるいは、今ある地域価値の充実・増幅になるかの視点で見ると、興味深い発見があった。
　図表 12-5に見られるように、全国的な企業である花王、クラレ、アサヒビールは前述のように地域の子供たちへの講座教育など、地域価値である子供教育・子育て環境の充実に資することが多い。一方、四国企業の取り組みは、伊予銀行の「みらい起業塾」、「地域クラウド交流会」、JR四国の「マチカツプロジェクト」、四国電力の施設管理・運営ビジネスなど地域価値を新たに創造するものが多い。しかし、地域がそうした四国企業の活動を地域活性化のリソー

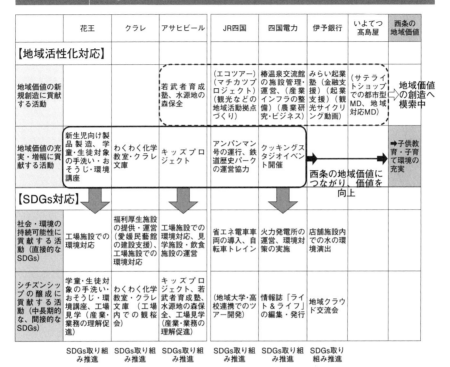

図表 12-5	西条市における企業の地域／SDGs取り組みの地域価値へのつながり							
	花王	クラレ	アサヒビール	JR四国	四国電力	伊予銀行	いよてつ高島屋	西条の地域価値
【地域活性化対応】								
地域価値の新規創造に貢献する活動			若武者育成塾、水源地の森保全	(エコツアー)(マチカツプロジェクト)(観光などの地域活動拠点づくり)	椿温泉交流館の施設管理・運営、(産業インフラの整備)(農業研究・ビジネス)	みらい起業塾(金融支援)(起業支援)(観光サイクリング動画)	(サテライトショップでの都市型MD、地域対応MD)	地域価値の創造へ模索中
地域価値の充実・増幅に貢献する活動	新生児向け製品製造、学童・生徒対象の手洗い・おそうじ・環境講座	わくわく化学教室・クラレ文庫	キッズプロジェクト	アンパンマン号の運行、鉄道歴史パークの運営協力	クッキングスタジオイベント開催	西条の地域価値につながり向上	価値を	⇒子供教育・子育て環境の充実
【SDGs対応】								
社会・環境の持続可能性に貢献する活動(直接的なSDGs)	工場施設での環境対応	福利厚生施設の提供・運営(愛媛民藝館の建設支援)工場施設での環境対応	工場施設での環境対応、見学施設・飲食施設の運営	省エネ電車両の導入、自転車トレイン	火力発電所の運営、環境対策の実施	店舗施設内での水の環境演出		
シチズンシップの醸成に貢献する活動(中長期的な、間接的なSDGs)	学童・生徒対象の手洗い・おそうじ・環境講座、工場見学(産業・業務の理解促進)	わくわく化学教室・クラレ文庫(工場内での観桜会)	キッズプロジェクト、若武者育成塾、水源地の森保全、工場見学(産業・業務の理解促進)	(地域大学・高校連携でのツアー開発)	情報誌「ライフ&ライフ」の編集・発行	地域クラウド交流会		
	SDGs取り組み推進	SDGs取り組み推進	SDGs取り組み推進	SDGs取り組み推進	SDGs取り組み推進	SDGs取り組み推進		

(出所) 宮副謙司・佐伯悠作成 (2020)

スとして取り込み活用できているかとみれば、西条市はまだまだ未活用の部分が多いように思われる。

観光をテーマとした飲食・サービス関連での起業、あるいは民藝・クラフトをテーマにしたクリエイティブビジネスの起業など方向性を重点化し、四国企業が提供する起業機会を活用することが望ましいと考える。

長年地域対応する企業：クラレの事例からの示唆

また、西条市で80年以上の長きにわたり事業活動をしているクラレは、事業

内容や労働形態の長期的な変化を経て、地域への関わりも変化させており（結果として変化してしまった）、SDGsの観点でも有意義な示唆を与えている。

　例えば、民藝館や教会は、当初クラレの文化・地域貢献として開設された（地域への直接的SDGs）。民藝館（1967年竣工）は、企業から「器」を与えられただけで、地域の人々が民藝に目覚めや、「中身」を育成するような文化活動に至らず、真の地域活性化につながっていない。栄光教会（1948年聖書研究会→1951年教会竣工）は、長年を経て、主事する牧師も代替わりし、クラレ創業家経営者の意思の継承が薄れている。また本来、教会は、地域におけるシチズンシップ醸成の場であるが、現在の栄光教会の運営はその実現に至っていない。

　そのような現状となっている理由は何だろうか。企業側の取り組み意向も長年を経るうちに経営環境の変化から変わってきた部分もあるだろう。施設や活動を引き継いだ人も長年を経るうちに代替わりに次第に目の前の現実的な判断になっていることもある。また地域の人々も、長年の企業の貢献やそれによる恩恵に気づかず過ごしているともいえなくはない。そういう点で地域の人々の自ら街をよりよくしたいとするような「シチズンシップ」の自覚を促し、それを一層高め広げていくことが重要だろう。

12-4. 「シチズンシップ」の観点から見る 直接的／間接的なSDGs

シチズンシップということ

　地域活性化の先行事例とされる米国ポートランドで、地域活性化の実現の主要因に挙げられるのが、地域の人々の「シチズンシップ」である。すなわち、ポートランドでは地域の人々に地域をよくしたいとする地域意識が高く、そこでの自己実現の行動が自然と地域活性化につながっている（宮副・内海2017）。

　実際にポートランドでは、個々人は行政・NPOに働きかけ、あるいは自らそれらに参画し地域をよりよくしようと行動するとともに、行政・企業・NPOはそうした人々の活動を促進・支援する。例えば、ホールフーズマーケッ

ト（食品スーパー）は地域で開催されるファーマーズマーケットを支援し、学童への食育にも積極的である。パタゴニア（アウトドア用品製造・販売企業）は自然保護・環境保全団体などの活動を支援し、USバンク（銀行）は、音楽コンサート出演アーティストを学校に派遣するなど、取り組み例は枚挙にいとまがない。地域の人々のシチズンシップを醸成し、支援するような行政・企業・NPOの活動は、言い換えれば持続可能な社会づくりであり、まさに「SDGs活動」と言える。さらに地域への寄附・投資など「直接的なSDGs活動」もあれば、中長期視点で人々のシチズンシップを醸成・支援するような「間接的なSDGs活動」もある（宮副 2019a）（**図表 12-6**）。

　SDGsは、何をやればいいか？どう取り組むか？ばかりが現在議論されているが、まず「シチズンシップ」の醸成を最初に考えることが本質的に重要である。

　地域の人々が、地域をよりよくするには何をどうすればいいかという意識を持ち、地域活動に取り組むことである。さらにそこに企業が、重要な担い手

図表 12-6	地域におけるSDGs取り組みの基本図（考察）

地域への寄附・施設投資など「直接的なSDGs」と、
市民のシチズンシップを高める「間接的なSDGs」がある

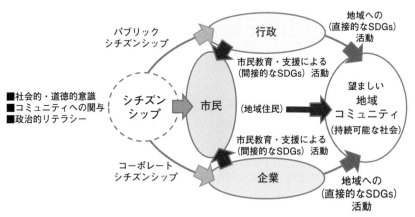

企業にとっての「地域」は事業所／原産地／その他の場合が考えられる

（出所）宮副謙司（2019a）をもとに加筆

企業の地域住民への教育や支援（「間接的なSDGs」の取り組み）を通じた、
シチズンシップの醸成が重要

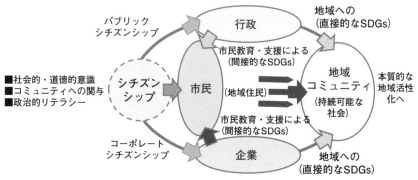

（出所）宮副謙司（2019a）をもとに加筆

（リソース）として参画し、シチズンシップに基づいたSDGs活動を行えば、地域活性化の動きを加速できる。すなわち、企業のSDGsと地域活性化がともに実行されることになる（図表 12-7）。

　以上、多くの事例を見てきたように、企業の立場で地域活性化・SDGs活動として取り組みやすいのは、「教育」といえるのではないか。製品サービスの価値やその創造に関わるストーリーなどを顧客である地域の人々に丁寧に伝える活動が、地域にとって「教育」となり、本業のマーケティング・コミュニケーションになることが理想といえるだろう。

12-5. 住民／行政が企業の地域活性化（SDGs）活動を引き出すことの重要性

　四国企業は、地域活性化ノウハウ・コンテンツや人材・資金、情報発信リソースを備え、地域現場＋大所高所の視点を持ち合わせるも、西条市への着地・適用は十分とはいえない。

　例えば、JR四国は、四国の交通基盤（ユーティリティ）であり、文化拠点での教育面の貢献があるが、すでに四国の他地区で展開されているようなマチカ

ツプロジェクトなどまちづくりリソースの西条市への適用は不十分で、今後、住み続けられるまちづくりに一層の期待がかかる。四国電力グループもエネルギーの供給で産業・生活基盤（ユーティリティ）に貢献し、西条市でも電化生活イベントの開催や広報誌での地域資源や地域価値の発掘と情報発信がなされている。健康関連施設の管理・運営も行ってまちづくりリソースが活用されているが、さらに市内の中心街の活性化に向けた施設管理などに適用の可能性がある。伊予銀行は、金融支援・起業支援での貢献があり、西条市での更なる起業や移住しやすい環境整備・促進に期待が持てる。

また全国的な大手企業についてアサヒビールの企業リソースもさらに活用すべきである。西条市での飲食店の起業促進、豊富な農水産物を活かす6次産業化（七草のフーズドライ化など）、工場見学を発展させた体験型観光の強化など新たな地域価値の創造への発揮が期待される。

改めて西条市における企業による地域活性化の取り組みを総括する

企業が持つ地域活性化のコンテンツ・リソースを、西条市のためにさらに引き出し、施策を統合し活用する余地がある。企業から地域活性化／SDGs活動・施策を引き出し、地域の人々のシチズンシップの醸成につなげていく仕組みづくりが重要ではないだろうか。

例えば、行政は、四国企業との連携を強化し、四国企業の個々の施策を統合し西条市に活かすコーディネート、地域企業との事業交流の接点づくり（すでに実施されている月例「うちぬきプラザ研究会・交流会」の発展）が求められる。また地域の人々は、地域行事（ファミリー、シニア向け企画）での活動の支援を企業に要請する（例：学びのイベント開催 → 子育てに有用なコンテンツ、提供依頼、実施運営の支援など）。

今後、地域行政や住民が、地域に所在する企業から地域活性化・SDGs活動を積極的に引き出す際に具体的に有効なのが、人材育成の領域であろう（SDGs-目標4：質の高い教育をみんなに）。それが地域の人々のシチズンシップを中長期的に醸成する「間接的なSDGs活動」であり、そこから各自が本質的な地域の活性化を自発的・継続的に生み出すこと（SDGs-目標11：住み続けられるまち

づくりを）につながるのではないだろうか。

（1） 地域への取り組みには、企業の地域での立場、位置付け、背景などが影響することも認識される。具体的には、企業の工場・事業所がその地域に多いか少ないか（多数ある中の１社か、数少ない中の１社かなど）存在の大きさや立場によって地域への施策の数・内容に差異があり、またその他の地域住民ニーズに応える既存施設や施策の多少などにもよって、地域から企業への施策の期待度にも差異があるようだ（花王の西条と酒田の違いなど）。またその地域での事業展開の歴史の長さ、開設の時代の地域ニーズ、従業員数を多く必要とする事業特性（労働集約性の度合い）や時代背景などの差異からも特徴が見出せる。また例えば、昭和初期に開設され多くの工場従事者を雇用し、寮の設備や福利厚生の必要からさまざまな施設が企業によって地域に設置されたが、その後、事業所の生産製品の変化や生産の近代化・IT化などによって労働形態も変化し、その必要性が変化するケースも見られた（クラレなど）。消費者を顧客とするB2C企業は、地域住民の評判も重視するためか、地域住民向けの施策を活発に実施していると受け止められる。一方、B2B企業は、その製品特性・対象顧客特性からB2C企業ほど多くの地域対応の施策を多く行っていない状況も見られる。またかつては事業内容がB2Cであり活発な地域対応を見せていたのにもかかわらず、事業内容が長年を経てB2Bに変化するのに応じ、地域対応施策数が減っている企業のケースも見られた。

（2） 本業に関しての地域への取り組みは、企業活動における「CSV」（Creating Shared Value：経済的価値と社会的価値を同時に実現する共通価値）にあたり、文化・環境などへの貢献は「CSR」（Corporate Social Response：企業の社会的責任）と捉えることができる。

（3） 「SDGs」：Sustainable Development Goals（持続可能な開発目標）本章では目標を持ち持続可能な経済・社会・環境づくりに取り組む活動を「SDGs活動」と呼ぶこととする。

第13章 企業と地域行政の関係

市野初芳 *ICHINO Hatsuyoshi*

　愛媛県西条市は、温暖な気候と石鎚山の伏流水、四季折々に収穫されるさまざまな農作物など豊富な天然資源に恵まれた豊かな地域である。西条市は、この恵まれた天然資源を有効に活用し、積極的な産業振興策を実施することで、四国屈指の産業都市として成長・発展してきた。

　西条市の成長・発展の原動力は、民間企業と行政との連携・協働、いわゆる公民連携を、産業分野をはじめとする多様な領域で積極的に実施し、地域活性化につなげてきたことである。

　西条市は、2020年（令和2年）3月、『第2期西条市総合計画　後期基本計画（第2期西条市まち・ひと・しごと創生総合戦略）[1]』（以下、総合計画という）を策定・公表した。2024年（令和6年）度末までの達成目標として「みんなで実現しよう！持続可能な西条市（西条市SDGsの推進）」を掲げ、総合計画にSDGsの推進が明記された。これによって、公民連携は、SDGsの達成に向けた新たな取り組みが求められるようになった。

　本章では、第1に西条市が取り組んできた地域活性化の取り組みを公民連携という視点から概観する。第2に2018年（平成30年）度から新たな取り組みとして導入された西条市版SIB事業を取り上げ、同事業の内容を紹介するとともに今後の公民連携のあり方について検討することにしたい。

13-1. 企業誘致政策から「地域内発型」の産業振興策へ

西条市は、中長期的な総合計画などの政策ビジョンを市民に提示し、それに
もとづく産業、雇用、高齢者福祉および教育等々の諸政策を策定・実施し、地
域社会の活性化を促進してきた。とりわけ、産業振興の分野では、「地域活力
の源泉は産業にあり」という基本理念のもと、企業誘致政策が基軸とされてき
た。

西条市では、企業誘致を促進するため、企業立地促進条例にもとづく奨励措
置を講じていて、一定の交付要件を満たす企業には奨励金が支給される[2]。こ
の制度は、企業の誘致および留地を図り、地域経済の発展に資することを目的
とする西条市独自のものである。

2014年（平成26年）度から2018年（平成30年）度までの5カ年間における同
奨励金の交付実績は、延べ65社に対し約10億円が支給されている。大企業が延
べ12社で約7億円、中小企業が延べ53社で約3億円である。同奨励金の対象と
なった企業の設備投資額は、大企業が約517億5,000万円、中小企業が約219億
円であり合計736億5,000万円、新規雇用従業員数は大企業58人、中小企業70人
の合計128人であった[3]。このように、全国的な大規模企業の工場や事業所等
の誘致による経済効果、雇用創出効果はきわめて大きく、企業誘致政策が西条
市の産業基盤を整備し、地域経済の安定化・活性化に大きく貢献をしてきた。
しかし、企業誘致政策は、必ずしもプラスの効果ばかりではない。例えば、①
大規模企業の工場や事業所の閉鎖や突然の撤退という潜在的ではあるが大きな
リスクを負う可能性があること[4]、②人口減少・少子高齢化のすすむ社会では、
生産年齢人口の減少により従業員が確保できない状況が生じ得ること、③工業
用地が市内に不足しつつあること等々多くの不安定要素を抱えている。

そこで、西条市は、企業誘致・留置政策を維持・継続しながら、地域資源の
活用や地域課題の解決、新規産業の創出やベンチャー企業の創業支援等による
地域活性化を推進するため「地域内発型」の産業振興策に軸足を移していった。
これによって、公民連携のあり方も変わっていったのである。

13-2. 公民連携による多様な行政サービスの提供

「スマートシティ西条」の取り組み

　総合計画でも示されているように、人口減少による都市機能の低下、少子高齢化による生産年齢人口の減少、高齢者の増加による介護支援サービスの需要の増加、税収源による市の財政のひっ迫化等々多くの課題を抱えている。このような状況の中で、西条市は行政の課題を行政だけで解決するのはもはや困難な時代になりつつある[5]という認識から、山積する行政や地域の課題を民間企業とともに解決していこうとしている。

　西条市では、市民のニーズに応えるため、独自の技術やノウハウを持つ民間企業と連携・協働して、教育、高齢者福祉、子育て支援、市民の健康づくりなどの分野に行政サービスを提供する取り組みを始めた。これらの取り組みは、ICT（情報通信技術）を活用し、地域の誰もがつながり、豊かで快適な生活を送ることを目指す「スマートシティ西条」である。

　例えば、①リコージャパン株式会社のユニファイド・コミュニケーション・システムを活用し離れた学校間をつなぐ「小学校遠隔合同授業・バーチャルクラスルーム」の実現、②日本電気株式会社によるコミュニケーションロボットを利用した「緩やかな高齢者見守り支援サービス」、③エーザイ株式会社とIT企業が共同開発したスマートフォンを利用して行方不明になった認知症高齢者を捜索するシステムによる「緩やかな高齢者見守り支援サービス」の提供等である。

　このように、西条市は、市民のニーズに適った行政サービスを提供する取り組みを始めており、民間企業のもつ高度な技術やノウハウを有効活用し、地域住民がそのサービスを利用することで、安心して生活できるまちづくりを目指している。これは、新たな公民連携のあり方として捉えることができ、また民間企業にとっては市民からの行政サービスに対する多様なニーズに応えることで新たなビジネスチャンスを掴むことにもなる。

プラットフォームに集う「ヒト」を中心とした新たなビジネスの創出

　西条市は一般社団法人Next Commons Labとの連携・協働により、2017年（平成29年）からローカルベンチャー誘致・育成事業を開始した。同事業は、総務省の「地域おこし協力隊制度」を活用し、都市部から起業家を誘致し、新しい視点や価値観のもと、起業家と地域の人たちが連携できるプラットフォームを創り、地域に根差した魅力的な仕事を創ることで新たな産業の創出を目指している。同事業は、3年以内の起業実現と定住促進を目指しており、起業家をはじめ、それを支援するコーディネーターがすでに西条市に移住し、積極的な活動を展開している。同事業は、人口減少・少子高齢化が進行し地域経済に与える影響が懸念される中で、「ヒト」を中心とした新たなビジネスを創出し地域活性化につなげていくことを目的としたものである。同事業において、起業家は、スモールビジネスとしてのスタートとなるが、金融機関を含めた公民連携による伴走支援が受けられることから、それを有効に活用し成長・発展することが期待されている。

13-3. 新たな公民連携による西条市版SIB事業の推進

西条市版SIB（Social Impact Bond）事業実施の背景

　ローカルベンチャー誘致・育成事業が「ヒト」を中心とした新たなビジネスを創出する事業であるのに対して、西条市は、市民による市民のための地域の貯金箱を作る、すなわち地域社会を支える「資金（カネ）」循環の仕組みを作り出そうとするローカルファンド構築推進事業を開始し、その実証事業の1つとして西条市版SIB事業を開始した[6]。
　SIBという仕組みに関心が高まった背景には、厳しい財政事情のもと、補助金（事業の目的が公益上必要と認められる活動にかかった経費に支払われる）の支

出プロセスに目が向けられたことである。補助金は、①行政から事業者へ支払われるが、その際、経費の適切な執行という部分に力点が置かれ、その事業の成果の検証が十分になされていないこと、②補助金は「行政」と「事業者」の二者間の関係性のもとに行われ、サービス対象者以外には「成果」が分かり難いこと、さらに③市民にはどのような事業が補助金で行われているかほとんど知られていないこと[7]、が問題とされた。つまり、補助金の"見える化"に取り組む必要があったのである。

西条市は、滋賀県東近江市が市内事業者向けの補助金の支出プロセスを成果連動型に転換することで、限られた財源を有効に配分するとともに、地域の事業者を地域で支える仕組みを構築し成果を上げているという情報を得た。これを受けて、西条市は企画情報部地域振興課（2019年（平成31年）度から市民生活部地域振興課）が中心となってその導入に向けた検討を開始した[8]。その結果、2018年（平成30年）度から、西条市、株式会社愛媛銀行およびプラスソーシャルインベストメント株式会社の連携・協働により、成果連動型の新しいタイプの補助金の仕組みである西条市版SIB事業がスタートしたのである。

西条市版SIB事業の基本的な仕組み

西条市版SIB事業では、地域活性化のために"チャレンジ"しようとする事業者を募集している。一定の選考基準を経て採択された事業者は、有識者による選考委員とともに事業期間内に達成すべき成果目標を設定する。

その後、事業者は、市民や企業からの出資金を活用して事業を行うとともに出資者へ進捗状況等の報告を行う。この間、出資者は事業者の店舗を訪れ商品を購入するなど事業者と出資者との間に交流が生まれ、またその情報を出資者の周囲に発信することで事業者を地域で支えるという意識が高まる。

事業期間終了時、選考委員会により事業の評価が行われ、事業者が成果目標を達成したと認められた場合、西条市が交付金を支給する。事業の成功によって、出資者は、出資金と利息（2020年（令和2年）度からの出資特典）を受け取ることができる。

当初、西条市版SIB事業は、産業振興にかかわる特産品開発事業および商業

地域等活性化事業に限定していたが、市民や事業者からの要望により2020年（令和２年）度からSDGsの達成につながるプロジェクトとして対象事業が拡大された（SDGsの達成項目17項目については前章12章を参照されたい）。

　応募者の選考基準は、①公益性（市民のニーズに合致し地域の社会的課題の解決に資するもので、多くの市民のサービスまたは参加の機会が提供されるか）、②実現可能性（実現可能な実施内容、収支予算および実施体制となっているか）、③必要性および事業効果（SIBでの出資による応援の必要性があり、事業実施による地域に対する効果の創出が期待できるか）、④発展性（SDGsの達成につながるか。また、将来的・継続的な地域での雇用の創出など、持続した効果や波及効果が見込まれるか）、⑤共感性（市民や企業等からの共感を集め、目標額の出資が見込まれるか）、の５項目である。選考委員による審査が行われ、各項目10点で評価され50点満点中30点未満の場合は不採用となる[9]。

　このように、2020年（令和２年）度から、応募者にはプロジェクトを通してSDGsを達成し、実現したい将来の地域の姿を明確に持つことが必要とされる。

13-4. SDGs活動としての西条市版SIB事業

　2018年（平成30年）度および2019年（平成31年）度に採択されたプロジェクトの中から２つの特産品開発事業を取り上げてみたい。２つのプロジェクトに共通するのは、西条市が温暖な気候と四季折々の野菜や果物などの農作物の収穫が豊富であるものの、生産者が販売できない規格外農産物が利用されずに処分されていることを解決すべき社会課題とした点である。事業者は、これら規格外農作物を有効利用し新たな価値ある商品を開発することで、西条市の生産者と消費者をつなげ地域農業の活性化や雇用の創出につなげていくことを目的としている。

株式会社PENTA FARM（完熟果物ソース商品化プロジェクト）[10]

　このプロジェクトの募集金額は100万円、１口２万円で出資者30名である[11]。

同社は、観光農園11戸で「丹原もぎたて倶楽部」を発足させ、2012年（平成24年）に法人化した。同社は、規格外の果物はよく熟していて味も申し分ないことから、専門家の指導を受けながら技術を習得し、無添加、無着色、保存料不使用の「旬の完熟果物ソース」5種類を開発した。

同社は、果物ソースのネット販売をはじめギフト向けとしても売り出し、地元のJAやカフェ、福祉事業所と連携し、広報・販売活動を展開してきた。その後、台湾の厳しい出荷基準をクリアし台湾の高級スーパーへ出荷するなど[12]、西条ブランドとして販売されている。さらに、観光農園では市内外の小中学校生を対象とした農村体験学習を積極的に受け入れ、食農教育や次世代の顧客確保のための活動にも意欲的に取り組んでいる。

くらしとごはんリクル（丹原産はちみつ入り季節の果物ジャム開発プロジェクト）[13]

このプロジェクトの募集金額は50万円、1口1万円で出資者数28名である[14]。西条市でカフェを経営している事業者は、西条市で生産された規格外の果物の新鮮さに着目し、「旬の素材の味を活かしたジャム」を開発した。ジャムに使用するはちみつは丹原町越智養蜂場の製品を使用している。一方で、オリジナルの商品リーフレットには、越智さんの養蜂への"想い"を掲載するなど、西条市という地域とジャムの魅力を印象づけようと工夫している。

ジャムは、細菌検査を行い、安心・安全に流通できる体制を整えた。また、店舗では、ジャムの生産に特化した設備を整え製造効率を上げる工夫をしている。その他、料理教室の開催、イベントへの出展、ジャムコンテストへの応募や市内ショップでの販売を開始するなど、積極的に広報・販売活動を展開している。

西条市版SIB事業に出資した市民の反応

西条市のウェブサイト[15]では、西条市版SIB事業に出資した市民の感想が紹介されている。西条市版SIB事業は、①市民にとって事業者の成果目標が明確で達成できるか否かの判断が容易であること、②市民にとって事業者の地域社

会に対する考え方や商品開発に対する熱い思いを知ることができ、また出資により事業者とつながりが持てる仕組みであること、③同事業は、市民が出資することにより地域の問題に主体的に関わろうとするきっかけをつくり、市民から行政にいろいろな意見をボトムアップしてこそ地域活性化につながるという意識の向上につながる仕組みであること、等である。

　西条市版SIB事業は、それにかかわる出資者や地域住民が地域の良さや地域の課題を主体的に発見して、自分たちのまちを良くしよう、地域に少しでも貢献しよう、そしてより良い地域社会をつくろうという、まさにシチズンシップの醸成につながる機会を提供するという点が特徴である。

SDGs活動としての西条市版SIB事業

　前述した、株式会社PENTA FARMやくらしとごはんリクルの取り組みは、SDGsの達成が求められる前の事業であるが、SDGsの視点から振り返ることとする。

　株式会社PENTA FARMは、規格外の果物から「旬の完熟果物ソース」を開発し、それを製造・販売している。また、観光農園では市内外の小中学校生を対象とした農村体験学習や食農教育を実施、将来への継続的な事業展開を視野に入れ活動していることから、SDGsでいう「3：すべての人に健康と福祉を」、「4：質の高い教育をみんなに」、「11：住み続けられるまちづくりを」に関連する活動といえる。

　くらしとごはんリクルは、規格外の旬の果物で「ジャム」を開発。ジャムには、西条産はちみつを使用し、ジャムの細菌検査を行い食の安全性を保障し、地域の人たちを対象に料理教室を開催していることから、SDGsでいう「3」、「4」、「11」に関連する活動といえる。

　また、西条市版SIB事業をコーディネートする西条市および企業（プラスソーシャルインベストメント株式会社）は、同事業の企画・立案・実施と広報活動を行い、事業者が目標達成可能なようにコーディネートすることで将来の地域活性化につなげていく活動を担っている。SDGsでいう「4」、「9：産業と技術革新の基盤を創ろう」と「11」につながる活動であると捉えられる。

13-5. 地域活性化につなげる公民連携の今後の課題

　本章では、西条市における地域活性化の取り組みを公民連携という視点から概観し、その後、西条市版SIB事業を取り上げ、同事業における新たな公民連携のあり方について検討してきた。この検討を通して、今後、同事業を進めていくための公民連携の課題を2点示しておきたい。

　第1の課題は、地域活性化に向けて新規事業者をいかに育てるかということである。西条市版SIB事業における企業（プラスソーシャルインベストメント株式会社）と西条市との連携・協働は、同事業の広報活動から始まり、申請された事業を評価し、採択された事業を育成するための支援を提供してきた。今後は、新規事業者をさらに発掘し、地域活性化に向けて新規事業者を育てていくための情報収集およびノウハウの蓄積が重要となる。

　第2の課題は、市民の意識を向上させ、シチズンシップの醸成につなげることである。西条市版SIB事業は、出資を通して地域の問題に目を向けさせ、市民自らが自主的・主体的に問題に関わろう、問題を解決しようという思考や行動を引出すきっかけになっている。このことから、同事業は、地域の人たちのシチズンシップを醸成するまさにSDGs活動であると捉えることができる。今後、公民連携は、同事業を通して、市民の意識を向上させシチズンシップが醸成されるよう支援し、地域活性化につなげていくことである。

（1）　西条市のウェブサイト（https://www.city.saijo.ehime.jp/soshiki/seisakukikaku/2sougou.html）。
（2）　西条市では、企業立地促進奨励措置を、(1)企業立地促進奨励金、(2)用地取得奨励金、(3)新規事業促進奨励金、(4)雇用促進奨励金、(5)情報通信関連企業奨励金、(6)工業用水利用促進奨励金、(7)設備投資促進奨励金、(8)事業継続強化事業費奨励金、の8項目としている。
（3）　西条市議会「令和2年3月定例会会議録第3号」、明比産業経済部長答弁の一部を抜粋、2020年（令和2年）3月3日。
（4）　牧瀬稔・西条市自治政策研究所（2019）「西条市の民間と連携した魅力ある行政サービス提供の仕組み　新しい価値を創出する西条市の公民連携イノベーション」『地方行

政』、時事通信社、2019年 8 月 8 日、pp.2-5。

（5） 牧瀬稔・西条市自治政策研究所（2019）、同上論文、p.5。

（6） 西条市市民生活部地域振興課（2020）「西条市版SIB（Social Impact Bond）〜地域に挑戦を生むあたらしい応援のかたち〜」、西条市版SIB事業説明会配布資料、2020年 9 月 6 日。

（7） 内閣府「西条市版SIB事業」（https://www8.cao.go.jp　2020年（令和 2 年） 2 月閲覧）。

（8） 安永佐和子（2019）「SIBによって人と人とのつながりが生まれ、行動や意識が変化した」国土交通省「まちづくり×SIBシンポジウム」第 1 回資料、2019年 3 月 7 日。

（9） 西条市市民生活部地域振興課（2020）「西条市版SIB つながり広がるチャンジ応援事業【公募要領】」2020年（令和 2 年）、p.6。

（10） 株式会社PENTA FARMウェブサイト（hppts://www.mogitateclub.com）。

（11） プラスソーシャルインベストメント株式会社のウェブサイト：エントライ（https://www.en-try.jp/funds/）。

（12） 農業経済新聞四国版、2019年（令和元年）12月 4 日発刊。

（13） くらしとごはんリクルのウェブサイト（likkle.jp）。

（14） プラスソーシャルインベストメント株式会社のウェブサイト：エントライ（https://www.en-try.jp/funds/）。

（15） 西条市のウェブサイトを参照（https://www.city.saijo.ehime.jp）。

あとがき

青学ゆかりの伊予西条：地域活性化研究の始まり

この研究の発端は、青山学院大学の青山キャンパスは、江戸時代に伊予西条藩松平家の上屋敷であったということを2016年に知ったことからだった。地域活性化の研究を進めていく中、そもそも青山はどういう地域なのか、地理・歴史を調べるうちに、江戸時代の古地図に遭遇した。青学青山キャンパスにあたる場所には、松平家という表記があった。渋谷側がカーブした敷地形状など現在のキャンパスの形状とぴったりと重なる。ならば、地域活性化の研究をするのに愛媛県西条市を対象に進めていこうと思い立って、西条市の方を紹介していただき、押しかけるように初めて訪問したのが2017年夏であった。

伊予西条地域は、江戸時代初期は一柳氏が治めたが、3代約30年で改易され、その後徳川御三家の1つである紀州徳川家（紀州藩）初代藩主徳川頼宣の三男、松平頼純が入り（1670年）、伊予西条藩松平家として統治した。石高は3万石であるが、徳川一門の親藩であり、参勤交代を行わない定府の大名であった。現在の西条市には、中心地にしっかりした石垣の掘割があり、城内を形成しているが、伊予西条藩松平家は、城天守を建てず、陣屋という屋敷のみが城内にあった。お城（天守）がある典型的な城下町ではないが、現在も市内の随所に城下町的な情緒・風情は数多く残り、格子戸を潜り抜け空を見上げる「わたしの城下町」の歌詞のような風景に感じられた。

伊予西条の地は、海、山（森）、並びに農地に恵まれ、現在も農林水産の地場産品が多数あり、地域活性化のマーケティングの視点からとても興味深い地域である。青学と歴史的な関係もあり、研究対象としてふさわしい地域と感じざるを得ない。その後の約3年間で西条市に立地し事業展開するさまざまな産業や多くの企業に出会うことになった。それまで自分としては縁がなかった電力会社や酒造業、製材業などもその地域での取り組みの実情を知ることができた。

伊予西条と青学の関係を深める

　青山学院大学大学院国際マネジメント研究科（青山ビジネススクール、略称：ABS）の私の研究室では、西条市の関連施設である西条産業情報支援センター（SICS）にサテライト研究室を開設できる機会を得て、地域活性化に関する研究に2018-19年度の2年間取り組んだ。その中ではABSのMBA課程学生およびアドバイザーグループ学部生が年に数回、数日間滞在し、西条市の地理・歴史・産業・生活など地域資源をリサーチし、そこから地域価値を創造・伝達・提供する「地域活性化のマーケティング」の観点で研究・学習活動を行った。また学部生グループによる滞在フィールドリサーチも実施した。参加学生は地域を視察し地域の人々にインタビューし、自分たちなりの地域資源の発見や活用案を市の関係者に向けに発表した。

伊予西条で新しい研究・教育手法の実験

　こうした研究活動・教育活動は、まさに大学教育で最新型の学修方法とされる「コミュニティ・ベースト・ラーニング」（CBL）ということができる。それを伊予西条を対象フィールドとして実践できたことは意義深い。

　またオンラインで研究会を複数回実施することができた。例えば、2020年1月には、東京の会場：ABSの教室と、西条市の会場：SICSにあるABS伊予西条サテライトオフィスを遠隔授業システムで結び、西条市メンバーにSICSからプレゼンしていただき、東京の参加者が青学の教室で画面を通じて視聴し、ディスカッションするという双方向の交流ができた。今から考えれば、それらは2020年度にまったく予期しない形で取り組むことになるオンライン授業の、いわば貴重な事前体験となったわけである。

研究・出版に関する謝辞

　本研究の特徴として、西条市およびSICSと連携し協力を得て、同所に青山学院大学ビジネススクール宮副研究室のサテライト研究拠点を設け、現地との関係を深く、頻繁にして現地調査を行ったことが挙げられる。とりわけ西条市産業経済部並びにSICSメンバーの企業ご調整により、インタビューや現地調査などの研究機会をいただいた。

自分の出版の経験を振り返っても、今回の研究出版ほど多くの人々に協力を
いただいてできた本はないと思う。西条市役所やSICSなど行政の方々、事例
研究に応じていただいた企業の皆様、西条市滞在の中で折に触れいろいろなお
話をいただいた西条市民の皆様には、おひとりおひとりにご挨拶するべきとこ
ろであるが、この場を借りて厚く御礼申し上げる。

　また、マーケティング学会などでの研究発表を続ける中で、千倉書房の岩澤
さんとの新たな出会いがあり、それをご縁に、このような研究成果出版の機会
につながった。岩澤さんには、出版手続きから執筆進行までさまざまにご対応
いただき大変お世話になった。この共同研究との出版を共同で進めてきた
ABSの先生方、宮副研究室の研究メンバーとともに心から感謝申し上げる。

　そもそも本研究は、西条市地域調査研究事業支援補助金（2018年度および
2019年度）と青山学院大学総合研究所 研究ユニット「企業による地域活性化の
取り組みの比較研究」（2018-2019年度）の研究助成を受けて行われた。西条市
および青山学院大学総合研究所に対しても厚く御礼を申し上げる。

　私たちが伊予西条という地域に着眼し研究に取り組み、そこから得られたさ
まざまな知見をこのように編集してまとめ、本という形にできたことは、ある
意味で地域価値を自分たちなりに仕上げられたということではないだろうかと
思う。地域資源に着眼しうまく編集して地域価値に仕立てるという「地域活性
化のマーケティング」に自ら取り組むことになっているのではと自負を多少し
つつ、多くの皆様への恩返しの気持ちを込めたい。

2021年1月
研究執筆者を代表して

宮副謙司

参考文献

（序章）

Philip Kotler, Donald Haider and Irving Rein（1993）*Marketing Places*, Free Press, N.Y.（井関利明 監訳（1996）『地域のマーケティング』東洋経済新報社）

山崎亮（2012）『コミュニティデザインの時代』中央公論新社（中公新書）。

関満博（2012）『地域を豊かにする働き方』筑摩書房（ちくまプリマー新書）。

（第 1 章）

久門範政 編（1996）『西条市誌』西条市、p.40。

宮副謙司（2014）『地域活性化マーケティング―地域価値を創る・高める方法論』同友館。

宮副謙司・佐伯悠・藤井祐剛（2017）「GHILフレーム―地域価値の創造に向けた地域資源の着眼・編集の方法論」『日本マーケティング学会ワーキングペーパー』Vol.3、No.17、日本マーケティング学会。

宮副謙司（2018）「青山学―青山から考える地域活性化論　第 2 回 青山の歴史から地域との関係を深める」『青山学報』265号、pp.20-21。

宮副謙司（2019）「青山学―青山から考える地域活性化論　第 5 回 伊予西条にみる企業による地域活性化」『青山学報』268号、pp.12-13。

『東洋経済別冊 都市データパック2018年版』（2018年07月号）、東洋経済新報社。

「2020年版 住みたい田舎ベストランキング」『田舎暮らしの本』（2020年 2 月号）、宝島社。

（第 2 章）

宮副謙司（2014）『地域活性化マーケティング―地域価値を創る・高める方法論』同友館。

「2020年版 住みたい田舎ベストランキング」『田舎暮らしの本』（2020年 2 月号）、宝島社。

（第 3 章）

佐伯悠（2019）「花王サニタリープロダクツ愛媛」青山学院大学大学院国際マネジメント研究科ABSケース。

花王株式会社『2017年度社会貢献活動報告書』（https://www.kao.com/jp/corporate/sustainability/society/social-reports/　2018年11月 1 日閲覧）。

ユニ・チャーム株式会社『CSR report 2018』（http://www.unicharm.co.jp/csr-eco/report/index.html　2018年12月12日閲覧）。

小林製薬株式会社『社会・環境報告書2017』（https://www.kobayashi.co.jp/contribution/report/index.html　2018年12月13日閲覧）。

ライオン株式会社『サステナビリティ レポート2018』（https://www.lion.co.jp/ja/csr/report/　2018年12月10日閲覧）。

（第4章）

佐伯悠（2020a）「中小酒類製造業の持続的発展に資する研究」『明治大学大学院政治経済学研究科　2019年度修士学位論文集』。

佐伯悠（2020b）「アサヒビール四国工場：地域活性化の取り組み」青山学院大学大学院国際マネジメント研究科ABSケース。

宮副謙司（2009）「市場地位別戦略—アサヒビールの事例」嶋口充輝・内田和成・黒岩健一郎『1からの戦略論』中央経済社、第5章所収。

宮副謙司（2018）「企業が関わる地域活性化の事例—キリン一番搾り地域づくりの事例を中心に」『経営センサー』（2018年4月号）東レ経営研究所。

（第5章）

久保庄司（2017）「愛媛民藝館50年に寄せて」『民藝』（2017年12月号）No.780号、日本民藝協会。

宮副謙司（2019）「企業による地域活性化—愛媛県西条市の事例からの考察」『経営センサー』（2019年4月号）東レ経営研究所。

宮副謙司・佐伯悠（2020）「地域活性化とSDGs—企業の取り組み事例からの考察」『日本商業学会全国大会予稿集』、日本商業学会。

宮副謙司（2020a）「地方の名望家に学ぶ—青山から考える地域活性化論⑨」『青山学報』（2020年夏号）。

宮副謙司（2020b）「クラレ西条事業所：地域活性化の取り組み」青山学院大学大学院国際マネジメント研究科ABSケース。

「クラレ西条事業所のご案内」2018年8月。

「クラレレポート2018」2018年8月。

「クラレレポート2020」2020年8月。

「東レグループCSRレポート2019」2020年8月。

（第6章）

田丸裕弥（2020）「四国電力：地域活性化の取り組み」青山学院大学大学院国際マネジメント研究科ABSケース。

（第7章）

山中永圭（2020）「JR四国：地域活性化の取り組み」青山学院大学大学院国際マネジメント研究科ABSケース。

（第8章）

いよぎん地域経済研究所（2020）『えひめNOW2020』。

南條裕紀（2020）「伊予銀行：地域活性化の取り組み」青山学院大学大学院国際マネジメント研究科ABSケース。

（第9章）

麻倉佑介・大原茜（2003）『最新・全国百貨店の店舗戦略』同友館。

宮副謙司（1994）『新「百貨店」バラ色産業論』ビジネス社。

宮副謙司（1998）『小売業変革の戦略』東洋経済新報社。

宮副謙司・内海里香（2011）『全国百貨店の店舗戦略2011』同友館。

宮副謙司（2015）「流通産業—百貨店・専門店の業態特性と市場環境変化への対応」（須田敏子 編（2015）『「日本型」戦略の変化』東洋経済新報社、第8章所収）。

宮副謙司（2016）「2030年の百貨店—マーケティング機能再考からの新しい時代適応の構想」『日本マーケティング学会ワーキングペーパー』Vol.3、No.2、日本マーケティング学会。

宮副謙司（2018）「百貨店を取り巻く消費・産業構造の変化 今後の戦略をどう描くべきか」『宣伝会議』（2018年4月号）、宣伝会議。

宮副謙司（2020）「いよてつ髙島屋：地域活性化の取り組み」青山学院大学大学院国際マネジメント研究科ABSケース。

（第10章）

愛媛県酒造組合・愛媛県酒造協同組合 編（2013）『西に、酒どころあり。愛媛の酒』愛媛県酒造組合・愛媛県酒造協同組合。

小原久治（1996）『地域経済を支える地場産業・産地の振興策』高文堂出版社。

佐伯悠（2020a）「中小酒類製造業の持続的発展に資する研究 産地としての存続を目指して」明治大学大学院政治経済学研究科 編『2019年度 修士論文・研究報告書』明治大学大学院政治経済学研究科。

佐伯悠（2020b）「石鎚酒造：地域活性化の取り組み」青山学院大学大学院国際マネジメント研究科ABSケース。

新中野工業株式会社（2018）「石鎚酒造 愛媛県西条市 果てなき理想を追い求めて 一意専心 食中に活きる酒造り」『酒蔵萬流 18巻』新中野工業株式会社。

二宮麻里（2016）『酒類流通システムのダイナミズム』有斐閣。

延岡健太郎（2011）『価値づくり経営の論理 日本製造業の生きる道』日本経済出版

社。

藤原隆男（1999）『近代日本酒造業史』ミネルヴァ書房。

宮副謙司（2014）『地域活性化マーケティング　地域価値を創る・高める方法論』同友館。

宮副謙司・佐伯悠・藤井祐剛（2017）「GHILフレーム 地域価値の創造に向けた地域資源の着眼・編集の方法論」『日本マーケティング学会 ワーキングペーパー』Vol.3、No.17、日本マーケティング学会。

山本典正（2014）『ものづくりの理想郷—日本酒業界で今起こっていること』dZERO。

「日本酒プロジェクト2020」（https://camp-fire.jp/curations/sake2020　2020年10月1日閲覧）。

窪添真史（2003）「酒生産の現状と課題」酒文化研究所ウェブサイト『酒文化論稿集』（http://www.sakebunka.co.jp/archive/others/014.htm　2020年8月4日閲覧）

農林水産省 政策統括官付農産企画課 編（2020）「資料2　酒造好適米の農産物検査結果（生産量）と30年産の生産量推計（銘柄別）」『平成30年産酒造好適米の生産状況等』（http://www.maff.go.jp/j/seisaku_tokatu/kikaku/attach/pdf/sake_30seisan-7.pdf　2020年8月4日閲覧）。

（第11章）
愛媛新聞社（2019）「週刊愛媛経済レポート」（2019年1月7日号）。

宮副謙司（2020）「サイプレス・スナダヤ：地域活性化の取り組み」青山学院大学大学院国際マネジメント研究科ABSケース。

林野庁（2020）『森林・林業白書—令和2年版』全国林業改良普及協会。

林野庁『森林・林業・木材産業の現状と課題』（https://www.rinya.maff.go.jp/j/kikaku/genjo_kadai/）。

愛媛県生涯学習センター（1985）「データベース：えひめの記憶」—愛媛県史社会経済2　農林水産　第2節 加茂川流域（1985年3月31日発行）（https://www.i-manabi.jp/system/regionals/regionals/ecode:2/42/view/5452）。

愛媛県生涯学習センター（1988）「データベース：えひめの記憶」—愛媛県史　地誌Ⅱ（東予東部）5．加茂川林業（1988年2月29日発行）（http://www.i-manabi.jp/system/regionals/regionals/ecode:2/32/view/4571）。

愛媛県林業政策課（2016）「えひめ森林・林業振興プラン（第5次愛媛県総合林政計画）」（2016年4月発表）関係統計資料（https://www.pref.ehime.jp/h35700/1461/1_sanson/plan/plan5.html）。

西条市　第2期西条市総合計画 後期基本計画（第2期西条市まち・ひと・しごと創生総合戦略）（https://www.city.saijo.ehime.jp/soshiki/seisakukikaku/2sougou.html、https://www.city.saijo.ehime.jp/soshiki/citypromo/koho201910.html）。

皆尾裕（2020）Defending Our Locals「西条の「人工林・竹林」の現状を知ろう」

（前編：2020年6月8日／後編：2020年6月18日記事）（https://d-o-ls.jp/toknow/
planted_forest/%E8%A5%BF%E6%9D%A1%E3%81%AE%E3%80%8C%E4%BA%
BA%E5%B7%A5%E6%9E%97%E3%83%BB%E7%AB%B9%E6%9E%97%E3%83%B
B%E6%A3%9A%E7%94%B0%E3%80%8D%E3%81%AE%E7%8F%BE%E7%8A%B
6%E3%82%92%E7%9F%A5%E3%82%8D%E3%81%86%E3%80%80-3/）。

（第12章）
川口央（2019）「愛媛県西条市の地域経済データ分析」マーケティングカンファレン
ス2019発表資料、日本マーケティング学会。
内閣府地方創生推進事務局（2020）「令和元年度上場企業及び機関投資家等における
地方創生SDGsに関する調査─上場企業における地域課題解決の取組事例集」。
宮副謙司・内海里香（2017）『米国ポートランドの地域活性化戦略』同友館。
宮副謙司（2019a）「青山から考える地域活性化⑦─企業のSDGsと地域活性化」『青
山学報』270号。
宮副謙司（2019b）「企業による地域活性化」『経営センサー』東レ経営研究所。

（第13章）
西条市市民生活部地域振興課（2020）「西条市版SIB（Social Impact Bond）〜地域に
挑戦を生むあたらしい応援のかたち〜」、2020年9月6日。
堀千珠（2020）「自治体に求められるSDGs推進策 SDGsビジネス促進に向けた組織整
備や優遇策」みずほ総合研究所、2020年1月16日。
牧瀬稔・西条市自治政策研究所（2019）「西条市の民間と連携した魅力ある行政サー
ビス提供の仕組み 新しい価値を創出する西条市の公民連携イノベーション」『地方
行政』時事通信社、2019年8月8日。
安永佐和子（2019）「SIBによって人と人とのつながりが生まれ、行動や意識が変化
した」国土交通省「まちづくり×SIBシンポジウム」第1回資料、2019年3月7日。
西条市（2020）『第2期西条市総合計画　後期基本計画（第2期西条市まち・ひと・
しごと創生総合戦略）』令和2年3月。https://www.city.saijo.ehime.jp/soshiki/sei
sakukikaku/2sougou.html

執 筆 者 紹 介

宮副謙司（みやぞえ・けんし）序章・第1章・第5〜9章・第11〜12章執筆

青山学院大学大学院国際マネジメント研究科教授
九州大学法学部卒業、慶應義塾大学大学院経営管理研究科修士課程修了（MBA取得）、東京大学大学院経済学研究科博士課程修了（経済学博士）。2009年より現職。
「マーケティング戦略」、「地域活性化のマーケティング」、「ファッション・リテイリング」、「SDGsコミュニティ・マーケティング」などを担当。

川口 央（かわぐち・なかば）第2章執筆

青山学院大学大学院国際マネジメント研究科助手
中央大学法学部卒業、同大学大学院法学研究科政治学専攻博士課程前期課程修了、修士（政治学）。同後期課程単位取得退学。2015年より現職。

佐伯 悠（さえき・ゆう）第3〜4章・第10章執筆

青山学院大学総合研究所客員研究員（2018・2019年度）
青山学院大学文学部史学科卒業、青山学院大学大学院国際マネジメント研究科国際マネジメント専攻修了（経営管理修士）、明治大学大学院政治経済学研究科経済学専攻博士前期課程修了（経済学修士）。

内海里香（うつみ・りか）第5章-補論執筆

文化ファッション大学院大学ファッションビジネス研究科教授
一橋大学大学院商学研究科修士課程修了。2019年より現職。
日本百貨店協会「地域百貨店活性化委員会」コーディネーター、日本マーケティング学会「地域活性化マーケティング研究会」幹事などを歴任。日本民藝協会会員。

市野初芳（いちの・はつよし）第13章執筆

青山学院大学大学院国際マネジメント研究科教授
日本大学商学部卒業、早稲田大学大学院商学研究科修士課程修了（商学修士）、名古屋経済大学大学院法学研究科博士後期課程修了（法学博士）。2011年より現職。
「アカウンティング基礎」、「財務諸表論」、「ファイナンス会計演習」などを担当。

青山学院大学総合研究所叢書

企業経営と地域活性化
愛媛県西条市の事例から

2021年3月1日　初版第1刷発行

編著者	宮副謙司
発行者	千倉成示
発行所	株式会社 千倉書房
	〒104-0031 東京都中央区京橋2-4-12
	電話 03-3273-3931（代表）
	https://www.chikura.co.jp/
印刷・製本	精文堂印刷株式会社
造本装丁	米谷豪

©宮副謙司・川口央・佐伯悠・内海里香・市野初芳 2021
ISBN 978-4-8051-1226-7 C3034
Printed in Japan〈検印省略〉

乱丁・落丁本はお取り替えいたします